FILIPE COLOMBO

GESTÃO PROFISSIONAL NA PRÁTICA

"Conheço a história da Anjo Tintas desde a década de 1990 por acompanhar o seu crescimento e os desafios que enfrentou. O Filipe é o exemplo claro de que o herdeiro pode, sim, ser um profissional. Após se preparar tecnicamente, assumiu a gestão da empresa e implementou seu estilo de liderança usando sempre os ouvidos para aprender e a comunicação transparente para delegar as ações que devem ser implementadas. A Anjo cresce continuamente com a sua liderança tendo um modelo de gestão meritocrático e empreendedor ao mesmo tempo." – **Marcelo Gomes**, presidente da Alvarez and Marsal

"Simplicidade e inovação. Duas palavras que podem até parecer antagônicas, mas são as características que melhor definem o meu amigo Filipe Colombo. Conheci ele em 2003, quando, de óculos escuros e terno floral, adentrava o salão de formatura do terceiro ano. É isso mesmo: enquanto todos seguiam o *statu quo*, Filipe brincava com o protocolo e se apresentava de maneira inusitada. Alguns anos se passaram, nos tornamos amigos e passamos a conviver mais de perto. Quando se tornou CEO da Anjo Tintas, lembro-me de que o visitei e comecei a ouvir seus métodos que já ensaiavam o que viera a se tornar a sua marca: a simplicidade inovadora. De lá para cá, a Anjo cresceu seis vezes e os resultados todos já conhecem. O Brasil carece de novos empreendedores e de mais inovação. Mas também precisa de objetividade e de menos modismos. E é exatamente isso que o torna especial: saber usar a inovação como meio, e não como fim. Para ele, fazer diferente é uma marca, mas sua palavra de ordem é única e muito simples: resultado." – **Hugo Olivo**, CEO da La Moda

"A cada nova interação com o Filipe só confirmo o que chamo de líder contemporâneo: aquele que é antenado, que se preocupa socialmente com quem está ao seu redor e como cada um vive, pensando sempre em como é possível ajudá-los. Ele é antenado nos negócios e não se limita a conhecer e trabalhar o universo do segmento dele, se interessando por outros segmentos, outras geografias e, assim, adquirindo uma visão de mundo muito maior. Ele é acessível, é simples e está sempre disposto a escutar e aprender com os seus pares. Tem uma equipe que trabalha com ele de maneira integrada, mas nem por isso deixa de se posicionar com suas ideias e opiniões. Outra característica que admiro é o compartilhamento de conhecimento: Filipe se preocupa em compartilhar o que aprendeu e o que conhece. Expõe-se inclusive nas mídias sociais instigando as pessoas a debater e aprender mais, se informar melhor. É focado não apenas em metas, mas em propósito. Ele é, enfim, um jovem que entrou em uma empresa que precisava de reestruturação e faz ela crescer admiravelmente com uma equipe competente e dedicada. Sua figura é respeitada pelos concorrentes e admirada pelos clientes. Esse é o Filipe que admiro, que conheço e com quem tenho o prazer de compartilhar e debater ideias." – **Raul Penteado**, presidente do conselho do Green Building Council Brasil

"Filipe Colombo é um jovem talento que combina, com raro equilíbrio, a maestria em executar com a clarividência e coragem em empreender, fatores que levaram a empresa fundada por seus pais ao crescimento e aos resultados exuberantes." – **Rogério Gustavo Arns Sampaio**, conselheiro independente (CCA IBGC)

"Recebi com muita satisfação o convite do Filipe para escrever algumas palavras em seu primeiro livro, que representa, com certeza, um momento muito especial para ele. Conheço a Anjo Tintas há muitos anos, pois fui cliente e conselheiro da empresa por um longo período. É uma empresa ágil, moderna, superatualizada, extremamente competente e com uma equipe visivelmente motivada. É possível notar uma cultura marcante que impulsiona toda a organização, característica típica de empresas familiares bem-sucedidas.

Foi no período como conselheiro que conheci o Filipe Colombo, já como presidente da empresa, e entre as várias qualidades que percebi profissionalmente, chamou minha atenção a sua capacidade de ser um excelente ouvinte, pois mesmo em uma posição privilegiada, sempre buscou subsídios com a equipe para uma melhor e mais segura tomada de decisão.

Observador, perspicaz, bem informado, sempre muito aberto à equipe e, acima de tudo, com muita vontade de agir, acreditando sempre que é possível proporcionar mudanças. Esses, seguramente, são atributos importantes que fizeram com que ele alcançasse ótimos resultados em sua gestão.

Para os leitores que irão desfrutar de todo o conteúdo que será apresentado, gostaria de destacar que, até mesmo por experiência própria, não é tarefa fácil para um líder de uma empresa familiar suceder o fundador com tanta naturalidade e de maneira tão profissional como aconteceu na Anjo. Seguramente mérito total dos dois, pai e filho." – **José Augusto Fretta**, diretor-presidente da ACAC Angeloni & Cia Ltda

"O Filipe é um dos gestores que consegue misturar uma boa liderança com o *skin in the game*, com a barriga no balcão, que conhece a operação da empresa de cabo a rabo. O interesse dele em ouvir qualquer ideia ou feedback para melhorar e a insanidade fanática de aprimorar processos e fazer com que sejam mais produtivos são características que o fazem ser o paranoico analítico que sempre usa os números como fonte de inspiração para as próprias decisões. O que sempre me chamou muita atenção é a facilidade de comunicação com o equilíbrio emocional sempre ali, estável, e isso o ajuda muito nas tomadas de decisões. Sem sombra de dúvidas o Filipe está fazendo um bom trabalho e tem a capacidade de ser um dos gestores de maior destaque desta nova era, a indústria 4.0." – **Alfredo Soares**, autor best-seller, vice-presidente da VTEX e cofundador do Gestão 4.0

"Conheci o Filipe e alguns *cases* de gestão da Anjo Tintas nas aulas do Gestão 4.0 e também no G4Club. Desde o início me interessei muito pelo jeito de fazer gestão deste jovem talento e pelos resultados que vem obtendo desafiando o modelo de fazer negócios em um mercado dominado pelas multinacionais com quem ele concorre de igual para igual. Se você tiver a oportunidade de falar com ele ou tê-lo em seu conselho, não hesite, vai valer a pena." – **Tallis Gomes**, autor best-seller, CEO e fundador da Easy Taxi e Singu

"A necessidade de processos, indicadores e pessoas para o sucesso de uma empresa não são novidade para qualquer um que tenha experiência no mundo dos negócios. O que normalmente é visto como algo raro é a presença de tais elementos em empresas familiares tradicionais, nas quais quase sempre é possível ver a gestão falhar em não adotar as melhores práticas de governança. Porém, se existe algo ainda mais raro, é o processo de sucessão em que os herdeiros da empresa conseguem alavancar o crescimento e o resultado de um negócio que estava indo bem já contra praticamente todas as estatísticas. Esse é o caso do que aconteceu com o Filipe e a Anjo Tintas.

Um daqueles raros cenários em que, a princípio, existia alguém que tinha tudo para não precisar se preocupar em ser um bom profissional, pois poderia simplesmente desfrutar do trabalho da sua família e delegar a gestão do negócio para executivos contratados no mercado, e que decidiu percorrer o caminho mais difícil.

Conheci o Filipe em 2019 durante a edição especial CEO do Gestão 4.0, um programa em que reunimos alguns dos principais líderes de negócios do Brasil para ensinar justamente sobre os pilares que comentei no começo deste depoimento, e o Filipe era um dos alunos dessa edição. Tanto ali, durante as aulas e sessões de mentoria, quanto nas demais ocasiões em que tive a chance de conversar com ele, pude ver o motivo do seu sucesso nesse processo em que centenas ou até milhares de pessoas fracassaram.

Uma constante busca por aprendizado e entendimento claro de que o seu papel é não só preservar como também ampliar o legado construído pela família, trazendo uma nova visão sem perder a essência do negócio.

Acredito que por meio deste livro será possível que você, leitor, possa entender os motivos que me fizeram admirar e respeitar o Filipe como um dos grandes empresários de nossa geração, e claro, aprender e se inspirar a fazer o mesmo." – **Bruno Nardon**, cofundador do Gestão 4.0, Norte Capital, Rappi Brasil e Kanui

"Filipe Colombo é um grande exemplo de uma sucessão empresarial próspera e bem realizada. Ainda muito jovem, assumiu a presidência da Anjo Tintas. Com grande conhecimento de todos os departamentos da empresa, Filipe teve apoio familiar sólido e se preparou muito para assumir a posição. Com muito dinamismo, entusiasmo e extrema competência, elevou a Anjo Tintas a patamares inovadores, sólidos e consistentes, obtendo impressionante crescimento em apenas sete anos.

O atleta Filipe é também uma pessoa brilhante! Seu enorme carisma o transforma em um líder nato. É aquele com quem podemos conversar sobre todos os assuntos. Seu livro traz uma linguagem própria e um conteúdo rico sobre gestão em diversos aspectos, auxiliando muitos empreendedores."

– **Vanderlei Miguel da Silva**, diretor-executivo do Grupo Amarelinha Tintas

"Filipe Colombo é uma daquelas pessoas de quem tenho cada vez mais vontade de estar próximo e aquele que, independentemente de qualquer relação profissional, acaba sendo um ser humano que gosto de observar.

Consegue trazer um grande equilíbrio como líder, com sua energia contagiante jovem e a simplicidade de quem se preparou muito para ocupar um lugar tão importante.

E aqui não falo apenas da empresa Anjo Tintas, mas sim sobre ser um dos líderes mais admirados do nosso setor de tintas. Não tenho dúvidas de que sua contribuição vai continuar nos inspirando e nos ajudando a transformar o mercado tinteiro." – **Renato Sá**, CEO do Grupo Aliar

"Sou fã da Anjo Tintas desde que conheci o o Beto e o Vaty Colombo. Para mim, é uma empresa modelo em gestão, relacionamento com a comunidade, colaboradores e clientes. Além disso, hoje é modelo também em sucessão familiar. O Filipe, com a participação do seu irmão Rodrigo e dos diretores Sandro, Gian e Juliano, conduz a empresa de maneira inovadora e acelerada, melhorando o que já era muito bom." — **Vinicius Ventorim**, diretor-executivo da Politintas

"Filipe representa muito bem a nova geração de empresários que assumiu o negócio da família e foi buscar o mais alto conhecimento dos novos modelos de gestão. Inquieto e com sede de se desenvolver, Filipe vem se tornando uma referência da transformação da hierarquia tradicional para o que há de mais moderno, sustentável e sintonizado no século XXI." — **Ricardo Natale**, CEO do Experience Club

"Nós somos parceiros da Anjo Tintas há quase vinte anos, fornecendo embalagens metálicas e soluções de envase. Temos muito a agradecer esta jornada que se iniciou a quase duas décadas, à época na gestão do Beto e agora na do Filipe. Nestes anos todos tivemos um relacionamento muito próximo dada a importância da Anjo como um de nossos principais clientes. Quando conheci o Filipe, logo na primeira conversa notei o engajamento dele na busca das melhores práticas de gestão moderna antes vistas somente em grandes multinacionais. Foi um legado do Beto, que também perseguia a excelência na gestão. O crescimento que a Anjo teve nos últimos anos certamente foi mérito do Filipe e de sua equipe, sempre perseguindo metas ambiciosas, porém atingíveis. Importante também destacar o papel ativo e sempre agregador que o Filipe exerce nas mídias sociais como LinkedIn e Instagram, frequentemente dando dicas úteis de administração, leitura e relacionamento. Tenho certeza de que o futuro da Anjo está em ótimas mãos." — **José Villela de Andrade**, vice-presidente da Cia Metalgraphica Paulista

"Em meados de 2014 tive o prazer de conhecer o Filipe Colombo representando a Anjo Tintas em visita à minha empresa, Corbella Tintas. Naquela época, ainda no início de seu trabalho como CEO na Anjo, já pude perceber um tremendo potencial naquele jovem devido a sua postura e ao seu currículo exemplar. Nos anos seguintes, com um ótimo relacionamento comercial, acompanhei a evolução de Filipe no quadro executivo da Anjo Tintas e as transformações em setores como marketing, produtos e política comercial que Filipe proporcionou. Sua liderança levou a Anjo Tintas aos patamares das maiores empresas do setor de tintas do Brasil." – **Eduardo G. Rospendowski**, diretor da Corbella Tintas Campinas

"A Anjo tintas tem em seu DNA o empreendedorismo e a inovação. A história que teve início na linha de complementos para repintura automotiva evoluiu, transformando a Anjo em uma das empresas de tintas mais diversificadas do segmento no Brasil. Esse resultado foi construído ao longo dos anos pelo seu fundador, Beto Colombo, e desde 2013 liderado pelo CEO Filipe Colombo que, por meio do seu estilo arrojado, tem levado a empresa a alcançar crescimento expressivo e posição de destaque na indústria nacional.

Filipe assumiu a direção da organização aos 27 anos, mas decidiu que queria se tornar empresário ainda aos 14. Antes de assumir a gestão, transitou por diferentes áreas da organização para a construção de aprendizado. A atuação de Filipe como líder tem em sua essência a orientação a pessoas atrelada a meritocracia e a um incansável foco no cliente. O mais interessante é que seu espírito de gestor e líder ultrapassa as barreiras da própria empresa que dirige e atinge milhares de pessoas por meio do compartilhamento constante de seu conhecimento e de ideias em suas mídias sociais.

Vale ressaltar também o envolvimento do Filipe em ações sociais como a condução do projeto Anjos do Futsal, que atende mais de doze mil crianças e adolescentes em 21 cidades. O projeto começou há dezoito anos com uma ideia simples para afastar as crianças dos perigos das ruas: aulas de futsal em troca de notas boas na escola. Ele próprio foi um dos participantes pioneiros. Hoje, diz com orgulho que mais de doze mil outras crianças já passaram pelo projeto, que agora envolve parcerias com as prefeituras e com a Unesc, universidade que cede os professores. Filipe Colombo consegue unir empreendedorismo com visão de futuro e responsabilidade social. Exemplo de 'anjo' a ser seguido!" – **Isabel Bernardo Dias de Figueiredo**, vice-presidente da Vinilicos & Especialidades Braskem S.A.

"Se você está lendo este depoimento, possivelmente está buscando evoluir e se tornar uma pessoa e um empreendedor melhor. Para este fim, o Filipe Colombo é o cara! Trouxe a disciplina do esporte para o mundo dos negócios, com um método comprovado que o fez crescer nos últimos anos quase 600% e está transformando uma indústria tradicional em uma indústria 4.0! Minha regra de ouro é: se você quer ser o melhor, tem que aprender e se aproximar dos melhores." – **Marcelo Toledo**, fundador & co-CEO da Klivo e apresentador do podcast *Excepcionais*

CARO LEITOR,

Queremos saber sua opinião sobre nossos livros.

Após a leitura, curta-nos no facebook.com/editoragentebr,

siga-nos no Twitter @EditoraGente,

no Instagram @editoragente e visite-nos

no site www.editoragente.com.br.

Cadastre-se e contribua com sugestões, críticas ou elogios.

FILIPE COLOMBO

GESTÃO PROFISSIONAL NA PRÁTICA

ELEVE O NÍVEL DE EXCELÊNCIA DO SEU NEGÓCIO, ACOMPANHE AS MÉTRICAS QUE FAZEM A DIFERENÇA PARA O CRESCIMENTO E FORTALEÇA A CULTURA DA EMPRESA

Gente editora

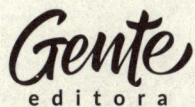

Diretora
Rosely Boschini

Gerente Editorial
Carolina Rocha

Editora Assistente
Franciane Batagin Ribeiro

Assistente Editorial
Rafaella Carrilho

Produção Gráfica
Fábio Esteves

Preparação
Adriane Gozzo

Capa, projeto gráfico e diagramação
Vanessa Lima

Ilustração p. 29
Sérgio Rossi

Revisão
Carolina Forin e Amanda Oliveira

Impressão
Gráfica Rettec

Copyright © 2021 by Filipe Colombo
Todos os direitos desta edição são reservados à Editora Gente.
Rua Original, 141/143 – Sumarezinho
São Paulo, SP – CEP 05435-050
Telefone: (11) 3670-2500
Site: www.editoragente.com.br
E-mail: gente@editoragente.com.br

Dados Internacionais de Catalogação na Publicação (CIP)
Angélica Ilacqua CRB-8/7057

Colombo, Filipe
   Gestão profissional na prática: eleve o nível de excelência do seu negócio, acompanhe as métricas que fazem a diferença para o crescimento e fortaleça a cultura da empresa / Filipe Colombo. – São Paulo: Editora Gente, 2021.
   224 p.

   ISBN 978-65-5544-078-2

   1. Sucesso nos negócios 2. Empreendedorismo 3. Administração de empresas I. Título

21-0119   CDD 650.1

Índice para catálogo sistemático:
1. Negócios: Empreendedorismo

Nota da publisher

Muito se enganam aqueles que pensam que a vida de um CEO é puro deleite. Pelo contrário, como diz Filipe Colombo, ser gestor é "levar porrada no estômago todos os dias", e é preciso ter coragem para assumir uma função assim.

CEO da Anjo Tintas desde 2013, Filipe está aqui para mostrar que, desafio após desafio, é possível ser um líder de excelência e construir um negócio de sucesso, assim como sua empresa, que hoje é uma das maiores indústrias do setor.

Em seu primeiro livro, Filipe passa ao leitor lições valiosas que emprega em sua rotina como gestor, tais como resiliência, trabalho em equipe, limites a serem reconhecidos, humildade e propósito.

Gestão profissional na prática é a reunião de todo o conhecimento que Filipe emprega na Anjo Tintas enquanto CEO e também como guardião da cultura de uma empresa bem-sucedida. Aproveite cada capítulo, cada insight e cada direcionamento que o autor traz aqui. São dicas preciosas para todos os que querem, assim como Filipe, viver uma vida gratificante e repleta de desafios. Boa leitura!

ROSELY BOSCHINI – CEO e publisher da Editora Gente

Dedicatória

Dedico este livro a todos os mestres que já passaram pela minha vida. Aos meus pais, Beto e Albany; à minha linda esposa, Louise; aos meus filhos Theo e Lucca; ao meu irmão, Rodrigo; à esposa dele, Maria Luiza, e às minhas sobrinhas, Laura e Vitória.

Dedico também a todos os profissionais, clientes e fornecedores da Anjo Tintas, com os quais convivi e convivo diariamente. Na Anjo, tive diversos professores que me ensinaram, como empreendedor, a ser um bom gestor e colocar em prática as mais diversas táticas e estratégias de gestão de empresa e de pessoas. Esses profissionais foram imprescindíveis ao longo da minha jornada. Obrigado!

Sumário

20	**Introdução**	Você quer empreender? Vá em frente!
26	**Capítulo 1**	Empreendedor também precisa ser empresário
42	**Capítulo 2**	Como construir uma história – Uma infância com pais empreendedores iniciando um negócio
56	**Capítulo 3**	Uma possível venda e a reviravolta
64	**Capítulo 4**	Quando decidi ser empresário
90	**Capítulo 5**	O dia da sucessão e a nossa grande virada
100	**Capítulo 6**	Principais desafios de um CEO
120	**Capítulo 7**	Vendas: a locomotiva que puxa toda a organização
138	**Capítulo 8**	Pessoas: o elo fundamental da cadeia
154	**Capítulo 9**	Faça a gestão de KPIs
190	**Capítulo 10**	Nem tudo são cores, mas sempre serão aprendizados
210	**Capítulo 11**	Desafios futuros e o que devemos levar conosco
222	**Referências bibliográficas**	

introdução

VOCÊ QUER EMPREENDER? VÁ EM FRENTE!

Não tenho dúvida de que o Brasil é um país de empreendedores. Basta olhar ao redor para constatar quantos amigos seus — e até mesmo você — têm (ou teve em algum momento) vontade de abrir a própria empresa. Temos um dos maiores índices do mundo de aberturas de novas empresas.[1] E mais: nos momentos de crise, essa vontade de ter o próprio negócio fica ainda mais evidente. De acordo com a pesquisa Global Entrepreneurship Monitor (GEM), que mede a atividade empreendedora no mundo todo, a previsão era de que o Brasil deveria atingir, em 2020, ano em que o mundo todo sofreu com os impactos da pandemia de covid-19, o maior patamar de empreendedores iniciais dos últimos vinte anos, com aproximadamente 25% da população adulta envolvida na abertura de um novo negócio ou com algum empreendimento aberto com até 3,5 anos de atividade.[2]

Porém, o que se vê no Brasil cinco anos após a abertura das empresas não é animador. Segundo a pesquisa Demografia das Empresas, realizada

---

[1] 2019/2020 Global Report. **Global Entrepreneurship Monitor**. Disponível em https://www.gemconsortium.org/report/gem-2019-2020-global-report. Acesso em: 10 jan. 2021.

[2] BRASIL deve atingir marca histórica de empreendedorismo em 2020. **Pequenas Empresas & Grandes Negócios**, 10 jun. 2020. Disponível em: https://revistapegn.globo.com/Noticias/noticia/2020/06/brasil-deve-atingir-marca-historica-de-empreendedorismo-em-2020.html. Acesso em: 10 jan. 2021.

pelo Instituto Brasileiro de Geografia e Estatística (IBGE), após esse período, seis de cada dez empresas fecham.[3] Claro que não vivemos em um país dos mais fáceis para empreender. Mas, além dos problemas burocráticos, temos um problema de cultura empresarial. Por isso, digo que **o Brasil é um país de empreendedores, mas não de empresários**. Para ter uma empresa de sucesso, não basta sonhar. É preciso ter conhecimentos básicos de planejamento (criar metas, não apenas desejos, certo?), análise de mercado, controle de custos, gestão financeira, capacidade de vendas e gerenciamento de equipes. Isso é crucial para qualquer negócio que queira ir para a frente.

Você quer empreender? Tem uma ideia fantástica ou uma maneira diferente de fazer algo? Vá em frente! Sugiro que você tenha, sim, o próprio negócio. É fantástico ter a oportunidade de gerir a própria empresa e impactar a vida de muitas pessoas. Você já tem uma empresa? Então sabe o que estou dizendo. Mas sabe também que sobreviver nesse mercado é mais que apenas abrir um negócio próprio. Você precisa entrar de cabeça no jogo do empreendedorismo.

E o que é preciso fazer para entrar de vez nesse jogo? Preparar-se. Sim, você pode aprender os conceitos que envolvem a administração de um negócio. E é isso que proponho com este livro. Sou Filipe Colombo e, aos 27 anos, assumi a presidência da Anjo Tintas, empresa fundada pelo meu pai no dia em que nasci, em 1986, hoje uma das principais indústrias do setor no Brasil.

Desde a adolescência, participo do dia a dia da organização, preparando-me para o cargo que ocupo. Durante quatro anos, passei por todos os setores da

---

[3] DE CADA dez empresas, seis fecham antes de completar 5 anos, aponta IBGE. **UOL Economia**, 14 set. 2016. Disponível em: https://economia.uol.com.br/empreendedorismo/noticias/redacao/2016/09/14/de-cada-dez-empresas-seis-fecham-antes-de-completar-5-anos-aponta-ibge.htm. Acesso em: 10 jan. 2021.

empresa. Iniciei no departamento de carga e descarga (começando meu dia de trabalho às 5 horas da manhã com todos os outros profissionais da Anjo), passei pela expedição, pelo estoque, pela produção, pelos laboratórios de desenvolvimento e de controle de qualidade, pelos recursos humanos, pela contabilidade, pelo departamento financeiro, pelo comercial, entre outros. Conheci todos os processos, agreguei conhecimentos, habilidades e atitudes para ser CEO. Enquanto trabalhava, cursei Administração de Empresas com ênfase em Marketing no período noturno e, posteriormente, Master Business Administration (MBA) nos Estados Unidos, na China e nos Emirados Árabes, estudando modelos de negócios e entendendo como uma gestão eficiente pode transformar o empreendimento e a cabeça de um empreendedor.

Ser CEO sempre foi meu objetivo, mas confesso que esse momento chegou muito antes do previsto. Passei por conflitos, superei crises internas, questionei minha forma de gestão, gerenciei um incêndio em nossa fábrica de resinas (com prejuízo gigantesco), mas também consegui comprovar como fazer uma empresa crescer alinhando forte cultura com três pilares: vendas, gestão de indicadores e gestão de pessoas.

O caminho de um empreendedor não é fácil. Contudo, é feito de constância, planejamento e resiliência. Sabe os altos e baixos da vida pessoal? Então, saiba que eles acontecem, e em grau ainda maior, na vida corporativa. Mas é aí que está o grande barato. Passar por tudo isso, aprender com os erros, exaltar as vitórias, reinventar-se, comemorar. E já no instante seguinte se preparar novamente para os desafios que virão. Quando você incorpora na vida essa vontade de empreender, torna-se quase um vício.

Este livro vai ajudá-lo a estruturar essa vontade. Você vai aprender como o modelo de gestão que usamos na Anjo Tintas, que a fez crescer 685%

entre 2015 e 2020,[4] mesmo com a economia em crise, pode ser eficiente na administração de um negócio. Esse conhecimento será um aliado para que você esteja presente na estatística dos grandes empreendedores do país nos próximos anos. Você consegue!

Vamos em frente?

---

[4] Dado interno da Anjo Tintas comparado a anos anteriores.

capítulo 1

EMPREENDEDOR TAMBÉM PRECISA SER EMPRESÁRIO

Como começamos a conversar na introdução, tenho algumas perguntas para você, caro leitor: você já pensou em ter um negócio próprio? Tem uma ideia fantástica ou uma forma diferente de fazer algo? Quer ter mais independência? Já pensou o que vai oferecer, como, se será um serviço on-line ou terá ponto físico, onde ficará esse ponto físico, como será o logotipo da empresa? Enfim, há muito em que pensar quando você decide embarcar nesse sonho de ter um negócio próprio. Assim como meu pai sonhou, lá em 1986, e fundou a Anjo, muitos brasileiros também têm esse desejo. E tenho que confessar: ter uma empresa própria é realmente muito bom. Você tem a possibilidade de impactar a vida de muitas pessoas – funcionários, fornecedores, a comunidade ao redor e os clientes – e ainda atuar naquilo de que mais gosta, naquilo que faz seus olhos brilharem todas as manhãs, naquilo em que você concentra toda a sua força de ação e pensamento para dar certo.

Olhando por essa perspectiva, parece que ter uma empresa é navegar por mares calmos e límpidos pelo resto da vida. Afinal, com a máquina em funcionamento, basta alimentá-la com combustível que ela funcionará perfeitamente por muitos anos, certo? A história não é bem assim, e, se já tem um negócio próprio, você sabe disso, não é mesmo?! Como minha intenção com este livro é ajudá-lo a empreender ou melhorar o desempenho da empresa que você já tem, preciso deixar algo bem claro. Esse cenário romântico, idealizado por muitas pessoas, não existe. A jornada do empreendedorismo é árdua e pesada. Quem já teve uma empresa e precisou fechá-la por causa de algo que não deu certo, ou, então, quem tem uma empresa neste momento e passa por uma crise. Essas pessoas sabem bem do que estou falando. Empreender é ter uma dor constante que precisa de tratamento o mais rápido possível, e tudo isso será muito mais bem administrado se você conseguir tratá-la antes que a próxima dor apareça. Certa vez, vi uma frase do Serviço Brasileiro de Apoio às Micro e Pequenas Empresas (Sebrae) com a qual concordo. Dizia assim: **empreender é viver o futuro hoje**.[5] E é isso mesmo. Precisamos sempre estar um passo – ou alguns passos – à frente, preparados para o que pode acontecer. Uma hora sua maior preocupação poderá ser a gestão financeira. Depois, alavancar as vendas. Ou ainda: gestão da produção ou uma nova regulamentação do setor. E quando tudo isso acontece ao mesmo tempo? É preciso estar preparado para lidar com esses percalços.

---

[5] SEMANA Global de Empreendedorismo: empreender é o futuro de hoje. **Sebrae**, 19 nov. 2019. Disponível em: https://m.sebrae.com.br/sites/PortalSebrae/ufs/pe/sebraeaz/empreender-e--viver-o-futuro-hoje,78af1f3c0e04e610VgnVCM1000004c00210aRCRD. Acesso em: 10 jan. 2021.

CAMINHO DE SUCESSO
EXPECTATIVA

REALIDADE

Fonte: imagem produzida de acordo com o modelo extraído do *Elevate Digital*.

No dia a dia corporativo, empresários passam por muitos problemas. Consigo elencar alguns que fazem parte da rotina de qualquer empresa: falta de engajamento dos colaboradores; insatisfação no ambiente de trabalho; liderança não capacitada; clima ruim no ambiente corporativo; falta de transparência na gestão de decisões; desalinhamento de objetivo entre as áreas; falha de comunicação. Ao longo dos anos, já passamos por vários desses problemas na Anjo e aprendemos a olhá-los com atenção, pois refletem o clima da organização e a maneira como os profissionais se sentem no dia a dia, o que influencia diretamente a entrega feita aos clientes, assim como os resultados. Desde os anos 1990, realizamos, a cada dois anos, uma grande pesquisa de clima organizacional para medir o grau de satisfação dos nossos colaboradores em todos os aspectos da empresa. Também passamos a realizar, desde 2019, uma pesquisa aberta de *Net Promoter Score* (NPS), a partir da qual podemos identificar pontos de melhoria interna com base nas respostas dos nossos profissionais. Por meio dessa metodologia, criada pelo estadunidense Fred Reichheld, da Universidade Harvard, é possível identificar o grau de satisfação dos clientes de uma empresa a partir de um *score* que vai do -100 (ruim) ao 100 (excelente). No caso da Anjo, usamos a pesquisa para identificar problemas e buscar soluções que agradem à maioria dos funcionários. Foi assim que implementamos o plano de saúde corporativo, o seguro de vida coletivo, melhoramos a qualidade das refeições no restaurante da empresa e criamos um plano de carreira mais claro e transparente. Após as mudanças que diziam respeito aos desejos dos funcionários, a melhora do clima organizacional foi nítida e refletiu na qualidade da entrega dos produtos e serviços. Utilizamos também o NPS para medir o grau de satisfação dos nossos clientes. Essa metodologia é fácil de ser implementada. Basta criar um formulário e depois compilar os dados. No capítulo 9, em que falarei sobre gestão de indicadores, explicarei em detalhes como usar essa metodologia na sua empresa.

Cenário desafiador

Além dos problemas internos, temos que considerar a situação do nosso país. Segundo a pesquisa Doing Business 2020,[6] realizada pelo Banco Mundial, que mede como as leis e regulamentações promovem ou restringem as atividades empresariais, o Brasil encontra-se na 124ª posição em um ranking com 190 países. Pela metodologia aplicada, os países são classificados em ordem crescente. Assim, quanto mais próximo o país estiver da primeira posição, mais as regulamentações do ambiente de negócios da economia serão propícias à abertura e às atividades de uma empresa. São analisados dados como obtenção de alvarás e de crédito, proteção a investidores, registro de propriedades e resolução de insolvência. O país número um do ranking é a Nova Zelândia, seguido por Singapura, Hong Kong, Dinamarca, Coreia do Sul e Estados Unidos. Observe bem a classificação do Brasil. Com ela, é fácil concluir que **nosso país não é um dos ambientes mais fáceis para empreender e prosperar**. Se fizermos um recorte levando em consideração apenas os países da América Latina e do Caribe, com 32 nacionalidades analisadas, ainda

---

[6] DOING Business – Classificação das Economias. **The World Bank**. Disponível em: https://portugues.doingbusiness.org/pt/rankings. Acesso em: 10 jan. 2021.

assim a posição do Brasil não é confortável, ocupando o 17º lugar no ranking. No topo está o México.

Como CEO e por vir de uma família de empreendedores, convivo com isso há décadas e consigo elencar uma série de motivos que colocam o Brasil nessa situação desconfortável. Um deles é a burocracia, que testa a paciência — e o bolso — de muitos brasileiros. A pesquisa Doing Business mostrou que, no quesito "facilidade de abrir uma empresa", o Brasil ocupa a 138ª posição, com 13,5 dias para conseguir efetivar a abertura de um negócio. Na Nova Zelândia, o mesmo procedimento é feito em meio dia — isso mesmo! —, no período de doze horas. Já na categoria "alvará de construção", estamos na 170ª posição. Nossa colocação também não é nada boa quando o assunto é "pagamentos de impostos". É até difícil de acreditar, mas a pesquisa mostrou que quase 65% dos lucros do empresário brasileiro são destinados a pagar impostos e outras contribuições obrigatórias, colocando nosso país na 184ª posição nesse quesito. Não se esqueça de que o ranking é composto de 190 países, ou seja, estamos quase no último lugar. Somado a isso, temos a complexidade burocrática, a dificuldade de obtenção de crédito, a falta de segurança jurídica e tributária, a concorrência desleal carregada na sonegação, a falta de incentivos à inovação, a falta de mão de obra qualificada, entre outros.

Mas o empresário precisa ser otimista e enxergar iniciativas que tendem a melhorar a vida corporativa. Um exemplo é a Reforma Trabalhista aprovada em 2017. Essa mudança foi um marco na relação entre empregado e empregador, pois deu mais equilíbrio a ela, mais liberdade no modelo de contratação e segurança para ambos os lados. Outro ponto muito positivo foi a Lei da Liberdade Econômica, sancionada em 2019, que prevê a desburocratização nas atividades econômicas. A previsão é de que, até 2029, as

A jornada do empreendedorismo é árdua e pesada.

@filipecolombo

mudanças gerem o nascimento e crescimento de muitas empresas além de cerca de 3,7 milhões de empregos.[7]

Empresário não é aproveitador

Apesar de lidar com tantas responsabilidades e de ajudar a gerar renda, o empresariado brasileiro ainda é visto por parte da sociedade como aproveitador, acumulador de riquezas, explorador de funcionários ou sonegador de impostos. Esse é um conceito distorcido, e cabe a nós, empresários e empreendedores, mudá-lo. Temos um histórico cultural e até religioso de que o capitalismo é errado, mas o papel desse sistema não se limita apenas a gerar lucro; ele exerce impacto positivo gigantesco na vida de milhões de pessoas. Por meio das empresas, criam-se novos empregos, gera-se renda, há a melhoria da qualidade de vida de todos os envolvidos, além de incentivo ao desenvolvimento pessoal. Indo para a parte organizacional, o surgimento de empresas colabora para a evolução tecnológica e a descoberta e inovação de produtos e processos, entre outros fatores.

O conceito enraizado na sociedade é tão errado que, durante muito tempo, as palavras capitalismo e consciência foram consideradas quase opostas. Isso porque o capitalismo era ligado ao sentimento de individualidade e ao consumo excessivo, enquanto a consciência estava relacionada à coletividade.[8] Mas hoje sabemos que esses conceitos podem ser empregados juntos. É o chamado

[7] KRÜGER, A.; RODRIGUES, M. Entenda o que muda com a lei da liberdade econômica. **G1 Economia**, 20 set. 2019. Disponível em: https://g1.globo.com/economia/noticia/2019/09/20/entenda-o-que-muda-com-a-lei-da-liberdade-economica.ghtml. Acesso em: 10 jan. 2021.
[8] MACKEY, J.; SISODA, R. **Capitalismo consciente**. São Paulo: HSM, 2014.

capitalismo consciente, movimento que mostra que o **capitalismo tem fins econômicos, mas, ao mesmo tempo, trabalha para o bem socioambiental**, ou seja, devolvendo algo positivo para a sociedade e para o meio ambiente.[9] Hoje, vemos que empresas conscientes entram em sintonia com os interesses da sociedade, dos seus profissionais, dos investidores e do meio ambiente. Uma empresa ou um empreendedor consciente sabe que deve fazer o certo simplesmente porque é certo. Não busca resultados imediatos que podem trazer consequências prejudiciais no longo prazo. Na Anjo Tintas, atendemos nossos clientes, profissionais e fornecedores de forma justa e correta, pensando na nossa responsabilidade social e atuando de maneira sustentável. Sabemos que nosso caminho ainda está no inicio e temos muito para evoluir. Mas acreditar que podemos construir juntos um futuro melhor já é um bom começo para colaborarmos para um mundo mais justo.

E como temos feito isso? Desenvolvemos vários projetos sociais e ambientais que refletem nossa maneira de pensar um mundo melhor e de ajudar a comunidade. Temos um programa de gestão ambiental que promove ações para que a Anjo seja uma empresa ecoeficiente. Isso acontece desde a fabricação de produtos ecologicamente corretos, como o Thinner ECO, que reduz em 80% a emissão de poluentes, e a Tinta Emborrachada, que, aplicada em telhados, diminui 3°C a temperatura dos ambientes internos, até a adoção de medidas sustentáveis, como a coleta seletiva de resíduos,

Saiba mais sobre os projetos de gestão ambiental da Anjo acessando o QR Code abaixo:

Saiba mais sobre as atitudes sustentáveis da Anjo acessando o QR Code abaixo:

---

[9] CHANAN, T. Capitalismo consciente na prática: como criar um negócio com impacto social positivo. **Endeavor**, 13 jun. 2017. Disponível em: https://endeavor.org.br/estrategia-e-gestao/capitalismo-consciente-na-pratica-como-criar-um-negocio-com-impacto-social-positivo/. Acesso em: 10 jan. 2021.

o uso racional da água, o tratamento dos solventes usados na produção e a preservação e instalação de áreas verdes em algumas unidades.

Na área social, o projeto <u>Anjos do Futsal</u>, implementado em 2001, oferece aulas de futsal gratuitas a crianças que estejam frequentando a escola regularmente. Desde a criação, cerca de 12,5 mil crianças foram beneficiadas pelo projeto, presente hoje em 21 municípios de Santa Catarina, além de contar com a parceria das prefeituras locais e de entidades educacionais. Também temos o projeto <u>Doações de Tinta</u> e somos uma empresa amiga do <u>Bairro da Juventude</u>, projeto que atende crianças e adolescentes em atividades de esporte e lazer. Algumas pessoas me perguntam se isso gera algum retorno para a empresa. E respondo que esse não é o objetivo. O que vale aqui é o lucro social, aquele destinado a melhorar a sociedade. Certa vez, em um evento realizado pelo Instituto Guga Kuerten, bati um longo papo sobre isso com o ex-tenista Guga, tricampeão do Torneio de Roland-Garros. Ele e o irmão Rafael comandam desde 2000 o instituto, focado na inclusão de crianças, adolescentes e crianças com deficiência, e conhecem muito sobre o assunto. Em nosso papo, falamos sobre como é recompensador mudar a sociedade na qual estamos inseridos. Quando temos a chance de mudar o futuro de alguém, todos ganhamos no longo prazo.

Veia empreendedora

Mesmo com tantos percalços, o Brasil tem alto índice de abertura de novos negócios. Só entre janeiro e setembro de 2020, 1,4 milhão de novas micro e pequenas empresas surgiram no país, de acordo com os registros do Portal do Empreendedor.[10] O número é 14,8% maior em comparação com o mesmo período de 2019. Por que isso acontece? Uma das hipóteses é a própria necessidade financeira, sobretudo em momentos de crise. Ou seja, uma pessoa é demitida e, na falta de emprego com carteira assinada, monta um negócio próprio rapidamente para tentar levantar uma grana e sobreviver.

Mas prefiro acreditar em outro fator. Temos uma veia empreendedora no sangue. Sim, nós, brasileiros, temos preferência pelo empreendedorismo, o que nos permite seguir em frente mesmo diante das adversidades. Somos persistentes e, como dizia a propaganda da Associação Brasileira de Anunciantes (ABA) de 2004, **"eu sou brasileiro e não desisto nunca"**.[11] E é isso que faz com que enxerguemos, na possibilidade de abrir uma empresa, a chance de conquistar a tão sonhada autonomia financeira, além de fugir da monotonia, trabalhar em um nicho específico pelo qual tenhamos paixão e ter mais disponibilidade de tempo (ainda que isso seja pura ilusão na maioria dos casos). Se você se enquadra nesse grupo, vá em frente. Não tenha medo e prepare-se para o que vai encontrar. Empreender significa usar suas melhores competências para criar algo de valor. Mas

---

10 BRASIL abre 1,4 milhão de novas micro e pequenas empresas em 2020. **Poder 360**, 7 out. 2020. Disponível em: https://www.poder360.com.br/economia/brasil-abre-14-milhao-de-novas-micro-e-pequenas-empresas-em-2020. Acesso em: 10 jan. 2021.

11 CAMPANHA quer resgatar autoestima brasileira. **Folha de S.Paulo**, 20 jul. 2004. Disponível em: https://www1.folha.uol.com.br/fsp/brasil/fc2007200403.htm. Acesso em: 10 jan. 2021.

você sabe avaliar suas competências? Sabe usá-las em favor do seu negócio? O que vejo é que nem sempre quem abre uma empresa está preparado para comandar esse barco.

Falta de cultura empresarial

Olhar os problemas, sejam eles internos ou externos, e encontrar meios para que fossem resolvidos sempre foi ponto de atenção na Anjo. Só assim conseguimos crescer como empresa e alcançar o patamar ao qual chegamos. Mas isso não veio de graça. Estudamos sempre o que acontecia ao nosso redor e nos cercamos de ótimos gestores; eu mesmo me preparei muito para ocupar o cargo de CEO (contarei mais sobre minha trajetória nos próximos capítulos). Por ora, o que você precisa saber é que nada vem de graça. Nenhuma estratégia de negócio é implementada sem antes ser muito avaliada e discutida. Ou seja, queimar os neurônios para encontrar boas soluções ocupa boa parte do dia de quem tem uma empresa.

É que não basta ter uma boa ideia para tudo dar certo. É preciso ter força para fazer o barco navegar nessas águas turbulentas, com muito conhecimento e planejamento. Por isso, já disse e repito: **o Brasil é um país de empreendedores, mas não de empresários**. Porque existe diferença entre esses dois perfis. O **empreendedor** é alguém que identifica um negócio e toma a iniciativa de gerar renda com base nessa oportunidade. É a pessoa que tem aquela ideia incrível e a coloca em prática, vendendo seu produto ou serviço, e tem certeza de que dará certo. É destemido para seguir em frente e confiante de que seu negócio é, de fato, sensacional. Já o **empresário** é a pessoa que tem conhecimento, habilidades, atitudes e competência para perpetuar uma empresa ou um negócio. É aquele sujeito que planeja, avalia as chances de o negócio realmente dar certo, analisa o mercado antes de lançar o produto, avalia custos, produção e outros detalhes que envolvem o gerenciamento de uma empresa. Assim, os dois perfis são complementares. Para ter um negócio de sucesso, você precisa ter a grande ideia (empreendedor), mas também necessita saber administrar esse negócio (empresário). E é justamente aí que está um dos grandes problemas do empreendedor brasileiro. Falta cultura empresarial para que os negócios possam seguir adiante. Como resolver isso? Há duas formas: estudando muito ou contratando alguém para tocar seu negócio. Porém, acredito que a segunda opção não seja interessante no início de uma empresa devido aos altos custos que podem inviabilizar a operação.

Quando você se prepara, não importa se vai se deparar com a quebra de uma máquina importante no meio do pico da produção ou se terá que gerir uma crise entre os funcionários. Também não importa se a legislação mudou e a empresa terá que se adaptar rapidamente a ela. É claro que tudo isso impactará o negócio, mas a diferença é que você terá um plano e subsídios para lidar com esses contratempos e encontrar a melhor solução para solucioná-los.

Hoje, além dos cursos superiores, existe muita informação na internet, paga e gratuita, para quem quer aprender. E há ainda pessoas como eu, dispostas a contar sua experiência para ajudá-lo a crescer. Todavia, ainda são poucos que buscam esse conhecimento. Uma pesquisa do Sebrae mostrou que apenas 25% dos brasileiros buscam algum curso na área do empreendedorismo para se capacitar. Mas veja que contraditório: 96%

deles acham importante ter esse tipo de informação.[12] É preciso, portanto, ter força de vontade e curiosidade para buscar conhecimento e empreender. Se você está lendo este livro, parabéns! Já está dentro da minoria que busca conhecimento para evoluir. Vou mostrar como é importante usar suas habilidades inatas e as aprendidas para administrar seu negócio. Mas **lembre-se: conhecimento sem atitude não vai dar em nada**. Você precisa aplicar e testar, na sua empresa, todos os conceitos e insights que tiver enquanto lê este livro. E não espere terminar a leitura para fazer isso. Se algo fizer sentido, implemente imediatamente na sua empresa. Depois, volte para continuar a leitura e obter mais ideias que você encontrará nos próximos capítulos.

---

12 VELOSO, A. C. Apenas um em cada quatro brasileiros fez cursos de empreendedorismo antes de abrir um negócio. **Extra**, 6 nov. 2018. Disponível em: https://extra.globo.com/emprego/apenas-um-em-cada-quatro-brasileiros-fez-cursos-de-empreendedorismo-antes-de-abrir-um-negocio-23213141.html. Acesso em: 10 jan. 2021.

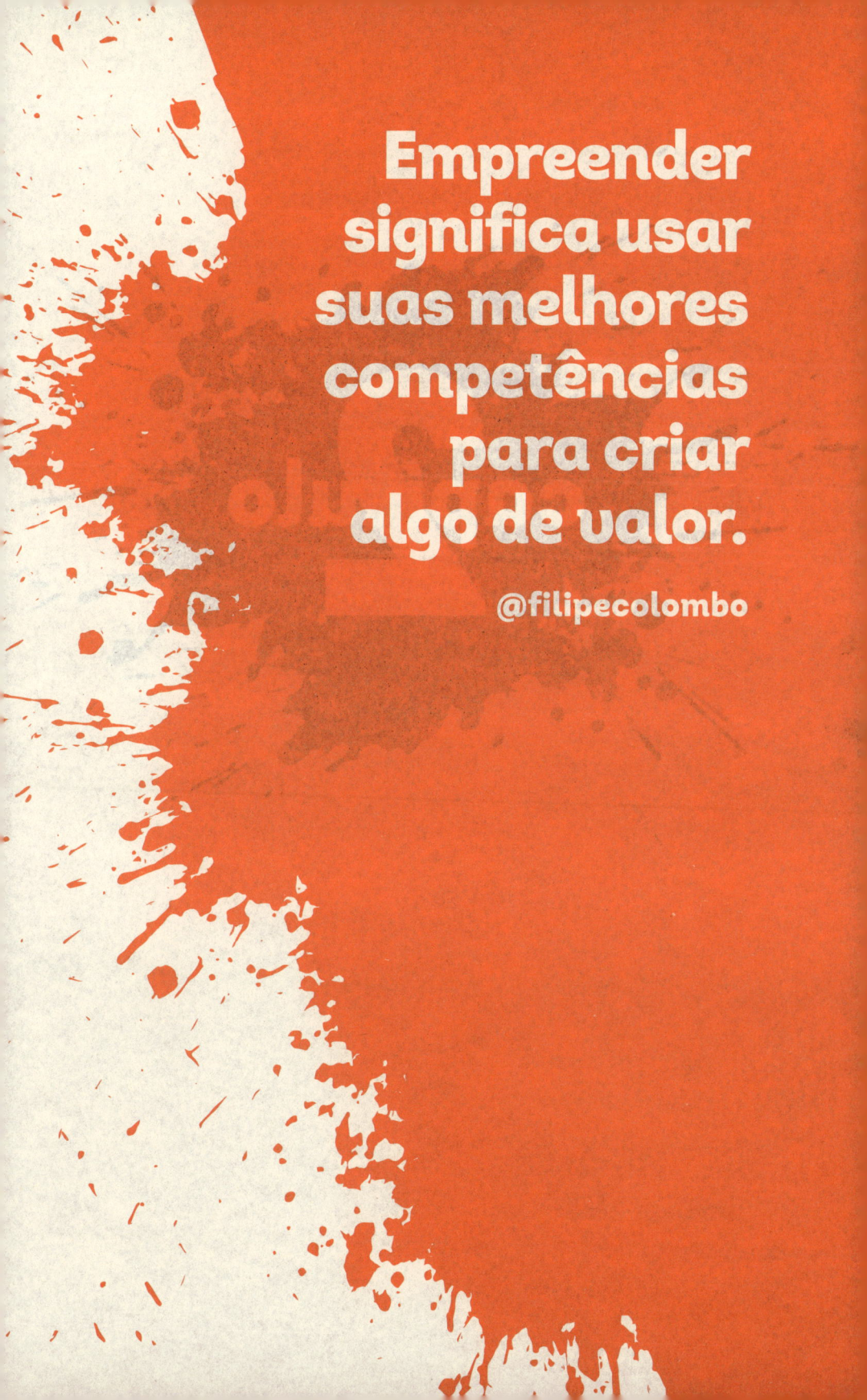

Empreender significa usar suas melhores competências para criar algo de valor.

@filipecolombo

capítulo 2

COMO CONSTRUIR UMA HISTÓRIA
Uma infância com pais empreendedores iniciando um negócio

Na manhã de 27 de fevereiro de 1986, depois de longo trabalho de parto, Albany Colombo deu à luz seu primeiro filho: eu, Filipe.

Nesse mesmo dia, meu pai, Beto Colombo, pediu demissão do emprego formal que tinha como vendedor de tintas automotivas e avisou à minha mãe, ainda na maternidade, que eles haviam se tornado os novos proprietários de uma fábrica de massas plásticas automotivas. Um detalhe: a empresa, até então chamada Prokitu, estava falida e tinha como patrimônio apenas uma betoneira (aquela máquina de fazer cimento), uma fórmula (não balanceada e que não funcionava muito bem) de massa plástica e uma concha de feijão (usada como medida para encher as latinhas com o produto final). Pode até ter sido loucura do meu pai, mas nascia ali a Colombo Indústria e Comércio de Massa Plástica, primeiro nome da indústria que depois viria a ser a Anjo Tintas.

Claro que, naquele momento, a notícia assustou minha mãe. Meu pai tinha um bom salário como vendedor, e ela trabalhava na mercearia do meu avô, o que garantia o alimento necessário para a família. Mas, sábia, parabenizou meu pai e se comprometeu a estar ao seu lado nessa nova fase da vida. Como o Beto conta: "Ela voou junto comigo".

Assim, a história da empresa fundada pelo meu pai se mistura com a minha própria história de vida. Cresci no meio da fábrica, com meu irmão mais novo, Rodrigo, vendo meus pais trabalharem muito, muito mesmo, das 6 às 20 horas. No começo, a estrutura era escassa. Sem espaço físico próprio, a fábrica funcionava na garagem de casa. Com poucos funcionários, meu pai era o responsável pela produção, pelas vendas e pela administração da empresa. Já minha mãe, além de cuidar da casa e dos filhos, era a gestora financeira, secretária do marido e ajudava no que fosse preciso para que o negócio desse certo. Ela conta que eu ainda era bebê quando me colocava no carrinho ao seu lado e ficava horas aplicando os rótulos nas embalagens de massa plástica. Aliás, minha mãe foi de extrema importância na empresa. Durante mais de vinte anos, foi a diretora financeira da Anjo e, ao lado do meu pai, sempre teve papel fundamental na tomada de muitas das decisões que impulsionaram o crescimento da companhia. Ter esse apoio foi essencial para seguir em frente.

Para prospectar negócios, meu pai viajava a semana toda e voltava na sexta ou no sábado. No domingo, íamos para a fábrica produzir e carregar o carro para mais uma semana de viagens. Claro que ficar longe do meu pai não foi fácil, mas eu aproveitava cada momento que tínhamos para ficar juntos. E ele fazia o mesmo comigo. Quando estava com os filhos, entregava-se 100%. Hoje vejo como conviver com essa rotina atribulada foi importante. Aprendi muito cedo a valorizar o tempo. Também percebi, vendo todo o esforço dos meus pais, que é importante dar valor ao dinheiro e aprender a guardá-lo para o futuro. Meus pais nunca foram de dar presentes o tempo todo para mim ou para o Rodrigo, mesmo quando nossa condição financeira melhorou. Ganhávamos presentes somente em aniversário, Dia das Crianças (até os 8 anos) e Natal. Se eu quisesse algum brinquedo novo, tinha que esperar uma dessas datas especiais ou me virar e construí-lo. Lembro-me de ter construído minha própria carretilha – ou carrinho de rolimã, como o brinquedo é conhecido em vários locais do Brasil – e de jogar futebol com bola de papel e meia, que eu mesmo fazia com os amigos. Essa atitude de nossos pais me ajudou a realmente entender o valor de um presente e que era preciso cuidar de tudo o que eu ganhava. A partir dos 10 anos, comecei a receber uma mesada de 10 reais por mês. Algo em torno de 50 reais atualmente. Com 14 anos, o valor subiu para 40 reais por mês. Mas eu tinha que me organizar bastante, pois até o lanche da escola sairia da mesada.

Em minha infância e adolescência, ou seja, no auge da ingenuidade e adquirindo tantos aprendizados, eu achava muito mais fácil ganhar algo que ter que ralar para conseguir o que queria. Puro engano. Alguns jovens pensam que é responsabilidade dos pais darem tudo o que eles querem; entretanto, com sabedoria e experiência de quem já esteve do outro lado da história, posso afirmar que esse comportamento não é certo, pois, no longo prazo, pode gerar jovens e adultos menos preparados para as dificuldades da vida. Claro que todos os pais querem dar o melhor aos filhos. Mas dizer "não" faz parte da vida e do princípio de que é preciso ter limites, lutar pelo que queremos com nosso próprio esforço para que, assim, possamos entender que os bens materiais não são o ponto principal da vida.

Hoje, adulto e pai de família, percebo como todos esses aprendizados foram importantes. Aprendi a lutar pelo que quero, a tropeçar, a cair muitas vezes, mas também a levantar e me fortalecer. Aprendi a ser resiliente. E isso faz toda a diferença na minha vida.

Busca pela excelência

Outra coisa que meu pai me ensinou é que sempre devemos nos esforçar para fazer o melhor em qualquer área da vida. Sempre o ouvi falar uma famosa frase: "O que merece ser feito merece ser bem-feito". E foi essa busca pela excelência que fez minha família chegar onde chegou. Se nos contentássemos em produzir uma massa plástica qualquer e vendê-la apenas para os estabelecimentos de Criciúma, cidade do interior catarinense em que moramos, talvez nossa história não fosse tão vitoriosa. Nossa família foi além. Como falei, na compra da antiga fábrica, meu pai adquiriu uma fórmula de massa plástica que não funcionava bem. Mesmo sem conhecimentos na área química, ele e o irmão, Vaty, na época com 15 anos, foram acertando a receita na base da tentativa e erro – e olha que foram muitos erros – até chegarem a um produto que agradasse aos funileiros de Criciúma.

Ele também usou a experiência já adquirida como vendedor de massa plástica automotiva, as observações que fazia no dia a dia e seu feeling para criar um modelo de negócio próprio. Para você entender essa história, vou explicar um pouco sobre o processo de produção da massa plástica automotiva, primeiro produto da Anjo, e as dificuldades que as indústrias passavam para colocar seu produto no mercado lá nos anos 1980.

A massa plástica é usada para reparar a lataria de carros acidentados. Feita basicamente de cargas minerais em pó e resinas, quando adicionada a um catalisador – substância que aumenta a velocidade de uma reação química –, endurece, fazendo as vezes da lata do carro. Depois disso, o reparo é finalizado com *primer*, tinta e verniz, para deixar o veículo com aspecto de novo. Em 1986, toda massa plástica vendida em Santa Catarina vinha de fabricantes de São Paulo. Por

Aprendi a lutar pelo que quero, a tropeçar, a cair muitas vezes, mas também a levantar e me fortalecer. Aprendi a ser resiliente. E isso faz toda a diferença na minha vida.

@filipecolombo

causa da baixa tecnologia, o produto tinha, no máximo, três meses de validade e chegava em Criciúma, a cerca de 880 quilômetros de distância, quase vencido ou mesmo fora da validade. Imagine só como era a infraestrutura logística há trinta e cinco anos! O problema é que, quando expira essa validade, o produto passa por um processo químico de polimerização que o endurece, virando quase uma pedra cinza, sem condições de uso. Além do prejuízo, torna-se um problema para o comerciante, pois a massa deve ser descartada em local apropriado para não causar danos à natureza. A falta de tecnologia e o baixo prazo de validade eram uma imensa pedra no sapato para as lojas de tinta da região, e o Beto, meu pai, por trabalhar em um comércio desse tipo, vivenciava diariamente essa dificuldade.

Nessa mesma época, minha mãe, Albany, trabalhava o dia todo na mercearia do pai dela, meu avô Hildebrando, carinhosamente chamado vô Debrandi. Nos fins de semana, o movimento aumentava muito, e o Beto ajudava preparando a carne para vender aos clientes. Certa vez, ele notou um vendedor de iogurte que, semanalmente, passava lá para recolher os produtos vencidos ou próximos do vencimento e substituir por outros dentro da validade. Assistindo a esse processo, ele imaginou como seria se alguém fizesse isso com as massas plásticas, ou seja, antes de o produto vencer, o fabricante passaria e recolheria os produtos próximos do vencimento e deixaria outros novinhos para serem comercializados. Guardou essa ideia para ele.

Enfim, a fórmula ideal

Depois de trinta dias de testes de produção, Beto encontrou a fórmula que considerava ideal para ser vendida. Para chegar a essa conclusão, a cada receita testada, visitava as oficinas de funilaria e pintura da cidade para que os profissionais testassem o produto. Só quando teve 100% de aprovação, lançou no mercado a massa plástica automotiva Anjo. Empiricamente, usou o conceito de Produto Viável Mínimo (ou MVP – do inglês, *Minimum Viable Product*) antes mesmo de ele existir. O MVP refere-se à criação de uma versão de teste com o mínimo investimento financeiro, mas todas as funcionalidades de um produto finalizado. Usada principalmente em startups, permite que uma empresa valide sua ideia no mercado, testando a viabilidade de um negócio.[13] A partir daí, o empreendedor consegue descobrir se o produto que tem em mãos resolve a dor do seu cliente, se é preciso fazer algum ajuste, se o valor de produção é viável, além de outros detalhes importantes, ou seja, valida-o antes que seja lançado no mercado. A maior vantagem de fazer um MVP é reduzir custos e riscos, já que a produção será baixa e, caso o consumidor aponte, é possível corrigir erros antes da produção em larga escala. E mais: esse trabalho ainda ajuda a empresa a se aproximar do cliente. Assim como meu pai fez lá em 1986.

Durante essas visitas, ele ainda aproveitava para fazer um levantamento de onde as oficinas compravam seus insumos. Com a informação em mãos – e um produto aprovado pelos funileiros –, Beto ia até os donos das lojas, apresentava sua massa plástica, mostrava que as funilarias já a haviam homologado e, prometia que, comprando dele, as lojas ainda receberiam a lista de todas as oficinas da cidade para prospectarem vendas. Para encerrar, Beto vinha com sua maior sacada: deixaria os produtos em consignação e, antes que vencessem na prateleira, ele os recolheria e colocaria produtos novos na loja. Qual comerciante não gostava de uma proposta dessa?

---

[13] MVP: o que é e como fazer um produto mínimo viável impecável? **StartSe**, 11 jan. 2019. Disponível em: https://www.startse.com/noticia/startups/mvp#:~:text=A%20pr%C3%A1tica%20do%20MVP%20ficou,soluciona%20o%20problema%20do%20consumidor. Acesso em: 11 jan. 2021.

Com sua estratégia, Beto resolveu vários problemas de uma única vez. As lojas não precisariam mais se preocupar com a validade dos produtos e, consequentemente, com o descarte adequado da massa plástica sem condições de uso; o produto era aprovado pelas oficinas, então tinha qualidade comprovada e, ainda, preço mais baixo, já que o produto era fabricado na região e não sofria o acréscimo do frete vindo de São Paulo. E o sucesso começou a aparecer. Um ano depois, a produção de massa plástica alcançou 20 toneladas por mês e foi possível expandir os negócios para o sul de Santa Catarina. Mas continuava funcionando em um espaço na casa em que morávamos, e as visitas aos estabelecimentos, agora em todo o país, continuavam. Sua força de vontade era impressionante. Certa vez, ele foi de Santa Catarina até o Acre (quase 4 mil quilômetros de distância), parando de cidade em cidade, com uma picape Ford Pampa, demonstrando os produtos nas oficinas e visitando os lojistas para tirar pedidos. Na caçamba, levava 33 caixas de massa plástica. Dormia no carro mesmo, estacionado em postos de gasolina. Foram trinta dias fora de casa.

Meu pai sempre acreditou na importância do olho no olho. Para ele, **as melhores oportunidades estão no campo, em contato com clientes e consumidores**. Além de buscar novos negócios, nessas visitas ele ouvia as necessidades dos clientes, que nos traziam elementos importantes para melhorar a qualidade dos nossos produtos e criar soluções adequadas ao que o mercado pedia. Até os dias atuais, o relacionamento com clientes é um dos focos principais na gestão da Anjo.

Nesses anos iniciais, cometemos muitos erros. O planejamento estratégico era praticamente inexistente. Para que você possa ter uma ideia, a empresa era administrada com base no fluxo de caixa. Esse é um grande erro dos administradores e mostra uma visão muito limitada de gestão. Uma empresa não é administrada apenas com base na entrada e na saída de dinheiro. Se você está cometendo esse erro, saiba que ele pode levá-lo à falência. Outros fatores devem ser levados em consideração e são fundamentais para o negócio, como a análise da margem de contribuição e da posição financeira da empresa, a gestão de custos, a gestão de ciclos operacionais, o balanço e a gestão de indicadores. Prepare-se, pois ainda falaremos muito sobre a gestão de indicadores usada na Anjo e sobre como aplicá-la na sua empresa.

Outro erro da Anjo foi ter faturado, por inexperiência, produtos com carga tributária errada, o que fez com que a empresa levasse uma multa gigantesca. Quase quebramos quando isso aconteceu, e esse fato colaborou para que pudéssemos amadurecer nosso modelo de gestão e tornássemos nossa administração muito mais profissional. Também não havia controle de estoque, e a liberação de crédito era feita com base no feeling, resultando em muitos calotes.

Apesar de os erros serem esperados para a maioria das empresas, se não forem corrigidos a tempo podem ser fatais para os negócios. Evoluímos com os percalços pelos quais passamos. Conseguimos lidar com eles e os transformamos em lições. Cada tropeço foi usado para criar um modelo de gestão que não permitisse que cometêssemos os erros do início e ajudaram a profissionalizar a empresa.

Sete anos depois, em 1993, a Anjo tornou-se líder no mercado brasileiro em massa plástica, e a produção foi transferida para um espaço próprio, com infraestrutura adequada à demanda. Eram mais de 250 toneladas de massa automotiva fabricadas por mês. Iniciamos também a produção de outros complementos para repintura automotiva, como *primers* e massa rápida e, posteriormente, thinner, solventes e tintas.

Em 1994, com o início do Plano Real[14] na economia brasileira, um dos nossos principais concorrentes decretou falência e encerrou as operações. Com isso, o volume de vendas de thinner e solventes cresceu muito, e nos tornamos o maior fabricante de thinner automotivo do Brasil, concretizando o nome Anjo como referência de qualidade. **Estávamos no lugar certo, na hora certa, com o produto certo e preparados.** Estar preparado para momentos assim é muito importante, pois de nada adiantaria estar passando por ele se não estivéssemos preparados para absorver todo esse mercado potencial.

A partir daí, nosso crescimento foi exponencial. Em 1997, a Anjo ampliou novamente suas instalações e investiu em equipamentos modernos, com a aquisição de maquinários com maior capacidade de produção. E continuamos apostando nas parcerias de longa duração com profissionais, clientes e fornecedores. Acreditamos que o relacionamento durável com esses três *stakeholders* é essencial para o sucesso de qualquer negócio ao longo do tempo.

Em 1999, com a melhora dos processos produtivos, conquistamos a Certificação da Norma ISO 9001, provando a qualidade do que fazíamos. Um ano depois, começamos a atuar no setor de impressão flexográfica,[15] atendendo as indústrias convertedoras de embalagens plásticas com solventes e tintas e desenvolvendo produtos únicos e personalizados para a necessidade de cada cliente. Em 2002, a empresa inaugurou a unidade fabril da linha de tintas imobiliárias base-solvente, também no município de Criciúma.

---

[14] O Plano Real foi um conjunto de reformas econômicas implementadas no Brasil para conter a hiperinflação do país e estabilizar a economia. É marcado também pela criação da moeda Real. (N.E.)

[15] Processo de alta tecnologia pelo qual embalagens plásticas flexíveis, como saquinhos de salgadinhos, embalagens de arroz ou de ração animal, são impressas. (N. E.)

Em 2006, passamos a trabalhar com o conceito de unidades de negócios. Criamos três delas. Com esse modelo, cada unidade tinha sua área de *backoffice*[16] centralizada, o que permitiu que reduzíssemos custo, nos tornássemos mais ágeis, aproveitássemos as sinergias internas e ganhássemos escala. Também inauguramos, em 2007, uma moderna área industrial exclusiva para a Unidade de Negócio Impressão, com a instalação de dois laboratórios (um de pesquisa e desenvolvimento e outro de controle de qualidade). A unidade era a responsável pela produção e pelas vendas dessa linha de tintas para impressão em embalagens plásticas flexíveis. Em 2008, foi implementada a Unidade de Negócio Revenda, que atende as linhas automotiva e imobiliária; a Unidade B2B,[17] que atua nos segmentos de tintas flexográficas e tintas técnicas para indústrias; e a Unidade de Negócio Apoio, que engloba os setores de compras, financeiro, contabilidade, marketing, gestão de pessoas, qualidade, meio ambiente, controladoria, logística, TI, comunicação e projetos.

No decorrer dos anos, ainda abrimos três filiais de distribuição. Uma em Bragança Paulista (SP), uma em Aparecida de Goiânia (GO) e outra em Vitória de Santo Antão (PE). Hoje, a Anjo Tintas é marca de produtos em quatro linhas: repintura automotiva (AnjoCarbon); imobiliária para construção civil; impressão para embalagens flexíveis (AnjoPrint); e industrial (AnjoTech), com foco em tintas para o segmento metal mecânico.

Meu pai, o Beto, sempre se manteve à frente das negociações e soube conduzir a fábrica nessa ampliação. Lembro-me bem de cada fase por qual

---

[16] Refere-se à área que cuida de assuntos administrativos, dando suporte aos demais setores da empresa. (N.E.)

[17] B2B (*business to business*) é a expressão usada para denominar uma negociação realizada entre empresas. (N.E.)

passamos e de como ele lutou para crescer e nos ensinou – a mim e ao meu irmão – como o ato de empreender é árduo, mas também compensador. Ele sabia que tinha que dar certo, pois, lá em 1986, vendeu o único carro da família para adquirir a tal empresa falida. Depois, precisou vender a casa em que morávamos (e adquirir outra financiada) para salvar a empresa. **Não havia plano B. Tinha que dar certo!** Mas ele sabia que tinha um bom produto nas mãos e muita força de vontade para vencer as adversidades e resolveu arriscar assim mesmo, ainda que a situação se mostrasse desfavorável. **Quando a intuição é forte, não temos que dar muita bola à razão.** É assim que o Beto justifica tudo que fez. E ele estava certo.

Hoje, meu pai é meu maior exemplo de que força de vontade, dedicação e foco do fundador são a receita para fazer aquilo que você sonha dar certo. Ele não se afastou do objetivo, e espero que você, que sonha em abrir um negócio próprio ou em ver seu negócio prosperar, também não se afaste. Confie no seu talento e trabalhe arduamente. O importante é começar. Não vai ser perfeito, mas com o tempo vai melhorar. **Comece agora; não deixe para segunda-feira.**

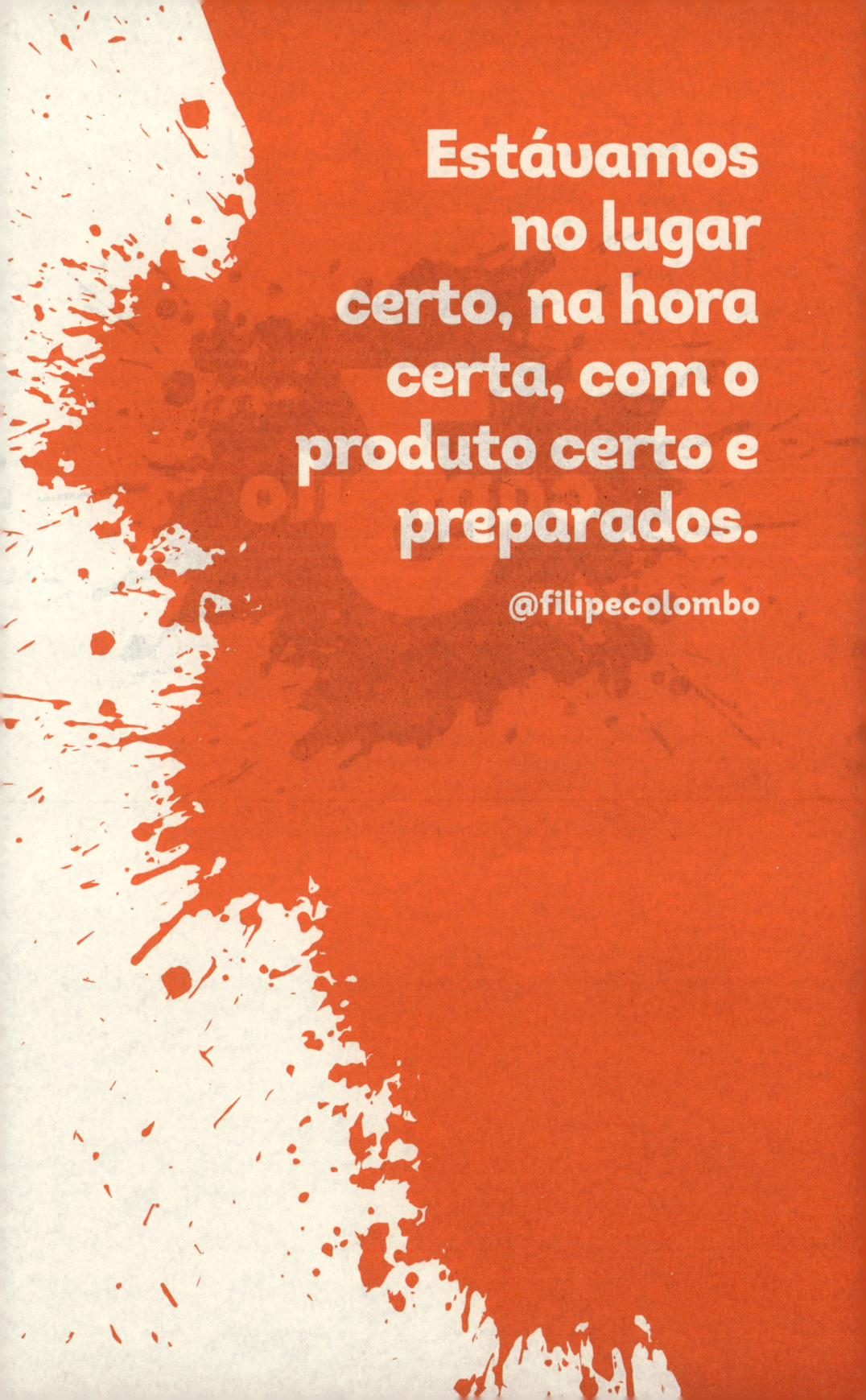

Estávamos no lugar certo, na hora certa, com o produto certo e preparados.

@filipecolombo

capítulo 3

UMA POSSÍVEL VENDA E A REVIRAVOLTA

Administrar uma empresa tão grande é um sonho. Imagino que esse é o objetivo de muitos empreendedores. São poucos os que começam um negócio querendo que ele seja para sempre uma pequena ou microempresa. O objetivo é expandir, crescer, impactar muitas vidas e se consolidar no mercado. Assim também foi com a Anjo Tintas. Crescemos muito e, em pouco tempo, nos tornamos referência no setor. Mas o dia a dia era desgastante, e eu sabia o quanto meu pai estava cansado. Engraçado que ele sempre falou que queria se aposentar aos 50 anos, e achei que isso demoraria muito para acontecer. No verão de 2007, porém, quando o Beto ainda tinha 44 anos, ele e minha mãe, Albany, chamaram a mim e a meu irmão para uma conversa séria.

Sentados à mesa do café da manhã, Beto começou a falar sobre a história da Anjo, de tudo que havia construído, tudo que havia aprendido nos últimos vinte anos e tudo que havia conquistado. Também falou sobre sua vida pessoal e a vida de empreendedor. E aí, em determinado ponto da conversa, ele disse: "Decidimos vender a Anjo Tintas".

A notícia caiu como um balde de água fria na minha cabeça. Àquela altura, eu estava com 21 anos e havia três já trabalhava na empresa. Estava me preparando com conhecimentos, habilidades e atitudes para um dia assumir o cargo de diretor-presidente da empresa. Mas essa notícia mudava todo o desenho de futuro que eu planejara para mim.

Boas empresas são compradas

O crescimento da Anjo narrado anteriormente chamou atenção do mercado, e, desse modo, meu pai tinha uma proposta de uma multinacional que queria comprar a empresa. Ou seja, a Anjo não estava sendo vendida. Estava sendo comprada. Isso aumentaria as chances de conseguir uma boa negociação. Caso o cenário fosse o contrário, ou seja, se meu pai tivesse resolvido vender a empresa, isso poderia não ser tão vantajoso, pois as melhores ofertas sempre acontecem quando alguém vem à sua procura. Mesmo assim, naquele momento, ficou a dúvida: seria esse, de fato, o melhor momento?

Essa resposta não é fácil. Nem para a Anjo nem para qualquer outra empresa. Afinal, você está se desfazendo de um sonho construído. Por isso, a decisão de se desfazer de um negócio passa por uma série de etapas. Nenhum empresário acorda um dia e, do nada, anuncia que quer vender a empresa. Sempre há uma causa – ou várias – por trás da decisão. Pode acontecer pela necessidade de recursos financeiros, pela falta de sucessor, pela aproximação da aposentadoria, pela alta valorização da empresa em determinado momento, pela oportunidade de investimento em outros negócios, pela concorrência com outros *players* do mercado, pela estagnação do negócio, por problemas de relacionamento entre os sócios, entre outros motivos.

Mas nenhum deles, naquele momento, se aplicava à Anjo. Estávamos passando por uma excelente fase. Tínhamos boas vendas, os resultados estavam indo bem, a gestão estava redonda, não tínhamos crises internas. Mas o problema não estava ali. O problema era externo. Beto estava se sentindo pressionado e estressado pela vida corporativa e desgostoso com o papel de empresário que assumira. A oportunidade de a Anjo ser comprada resolveria suas dores.

Confesso que saí da mesa do café meio atordoado. Fui para o quarto, deitei-me na cama, e milhares de pensamentos passaram na minha cabeça. Como faço até hoje, saí para correr e pensar sobre essa notícia. Durante a corrida, lembro que pensei sobre minhas expectativas, sobre o que faria dali para a frente, sobre meus sentimentos. Mas algo mudou em mim quando mudei meu pensamento e tentei me colocar no lugar do meu pai. Ele estava cansado e desejoso de concluir parte de sua vida. Seria justo que eu fosse contra o que estava querendo fazer? Seria justo brigar para que a venda não fosse realizada depois de tantos anos em que ele estivera à frente dos negócios? Seria correto permitir que o peso do mundo corporativo continuasse nas costas dele? Quando consegui concluir essas reflexões, uma chave mudou no meu cérebro, e os pensamentos se clarearam. Cheguei à conclusão de que, se meus pais, que fundaram a empresa, haviam decidido isso, então deveria ser realmente o melhor caminho a seguir.

Dias depois, sentamo-nos todos novamente à mesa, e o Beto informou que eu e meu irmão, Rodrigo, receberíamos parte do valor da venda. Em seguida, nos perguntou: "O que vocês vão fazer com esse dinheiro?". Pensei um pouco e rapidamente respondi: "Vou empreender e montar outra empresa para mim. Talvez uma marca de roupas esportivas ou pranchas de *wakeboard*".

Naquela época, eu treinava *wakeboard* e já competia em alguns campeonatos em nível nacional. Meu irmão, com 17 anos, também queria empreender, mas sua ideia era montar um bar ou uma balada. Beto nos ouviu atentamente, sem emitir qualquer opinião. Depois fez as malas e partiu para uma viagem à Espanha, para percorrer o famoso caminho de Santiago de Compostela. Foram trinta e dois dias andando 800 quilômetros nessa caminhada de autoconhecimento e reflexão. Foi lá que teve tempo para refletir sobre o que queria fazer e avaliar se a venda era, de fato, o que queria para aquele momento. Enquanto ele estava lá, eu continuava trabalhando e estudando. Já havia aceitado que a venda aconteceria.

Iniciar um novo negócio

A ideia de ser empresário já estava arraigada em mim. Mesmo com a possível venda, não conseguia imaginar fazer outra coisa. Só pensava em abrir minha própria empresa. Mas começar um negócio próprio do zero não é algo fácil. O Beto passara por isso lá em 1986. Exige dedicação, comprometimento e tempo. Eu teria um investimento inicial, mas precisaria tornar meu negócio conhecido e conquistar os primeiros clientes. E ainda precisaria correr os riscos de qualquer outro empreendedor inicial. De acordo com o levantamento *Causa mortis* – o sucesso e o fracasso das empresas nos primeiros cinco anos de vida, do Sebrae,[18] os três principais fatores que levam empresas iniciais a fecharem com um ano de vida são falta de planejamento prévio, falta de gestão empresarial e comportamento do empreendedor.

---

18 *CAUSA mortis* – o sucesso e o fracasso das empresas nos primeiros 5 anos de vida. **Sebrae**, julho de 2014. Disponível em: https://bibliotecas.sebrae.com.br/chronus/ARQUIVOS_CHRONUS/bds/bds.nsf/333000e30d218194165cd787496e57f9/$File/5712.pdf. Acesso em: 11 jan. 2021.

Veja só: 46% dos empreendedores não sabem o número de clientes que têm nem conhecem seus hábitos de consumo, 38% não conhecem o número de concorrentes e 55% não elaboram um plano de negócios. Além disso, outros problemas são comuns ao iniciar um negócio[19] (e podem levá-lo ao encerramento rapidamente): falta de apoio familiar; falta de capacidade comercial; má escolha de colaboradores, parceiros e fornecedores; controle de estoque insuficiente; má definição de política de preços; carga tributária; ausência de créditos.

Apesar de vir de uma família empreendedora, eu – assim como meu irmão – sabia que não seria fácil. Mas estava disposto. Tinha um sonho e queria realizá-lo.

Lembra-se de que meu pai havia ido fazer o caminho de Santiago de Compostela? Quando voltou, suas ideias sobre vender a empresa eram outras. Para nossa surpresa, ele nos comunicou: "Iniciar um negócio e fazê-lo crescer é muito difícil e demorado. Se vocês realmente querem ser empresários, por que não ficar com a Anjo? Não quero mais ser empresário, mas vocês dois podem tocar a empresa, e eu, conforme meu plano, vou saindo do *business*".

Assim, a Anjo não foi vendida, e decidimos iniciar o processo de sucessão e capacitação dos dois filhos para nos tornarmos empresários.

A decisão do meu pai tirou de nós o peso de começar uma empresa e ainda manteve a Anjo como empresa familiar, fortalecendo nossos valores. Veja só a importância de manter esse legado. A Pesquisa Global sobre

---

[19] QUAIS os problemas mais comuns ao iniciar um negócio? **Sebrae**, 15 set. 2016. Disponível em: https://m.sebrae.com.br/sites/PortalSebrae/artigos/quais-os-problemas-mais-comuns-ao-iniciar-um-negocio,9ac2312905e27510VgnVCM1000004c00210aRCRD. Acesso em: 11 jan. 2021.

Empresas Familiares PwC[20] mostra que valores fortes e propósito ambicioso conferem às empresas familiares vantagem competitiva em relação às não familiares, sobretudo em tempos de disrupção. De lá para cá, nossa empresa cresceu mais de 600%, corroborando a decisão do Beto. E você deve estar perguntando: o Filipe entrou para a operação? Eu digo que sim, mas, assim como foi na minha infância, em que nada nos era dado de graça, precisei conquistar meu espaço com muito trabalho, estudo e dedicação. Continue comigo nessa história que você vai entender do que estou falando.

---

[20] O IMPACTO dos valores: como desenvolver vantagem competitiva duradoura com base nos seus valores e seu propósito na era digital. **Pesquisa Global sobre Empresas Familiares PwC 2018**. PricewaterhouseCoopers, 2019. Disponível em: https://www.pwc.com.br/pt/estudos/setores-atividades/pcs/2018/pesquisa-empresas-familiares-18.pdf. Acesso em: 11 jan. 2021.

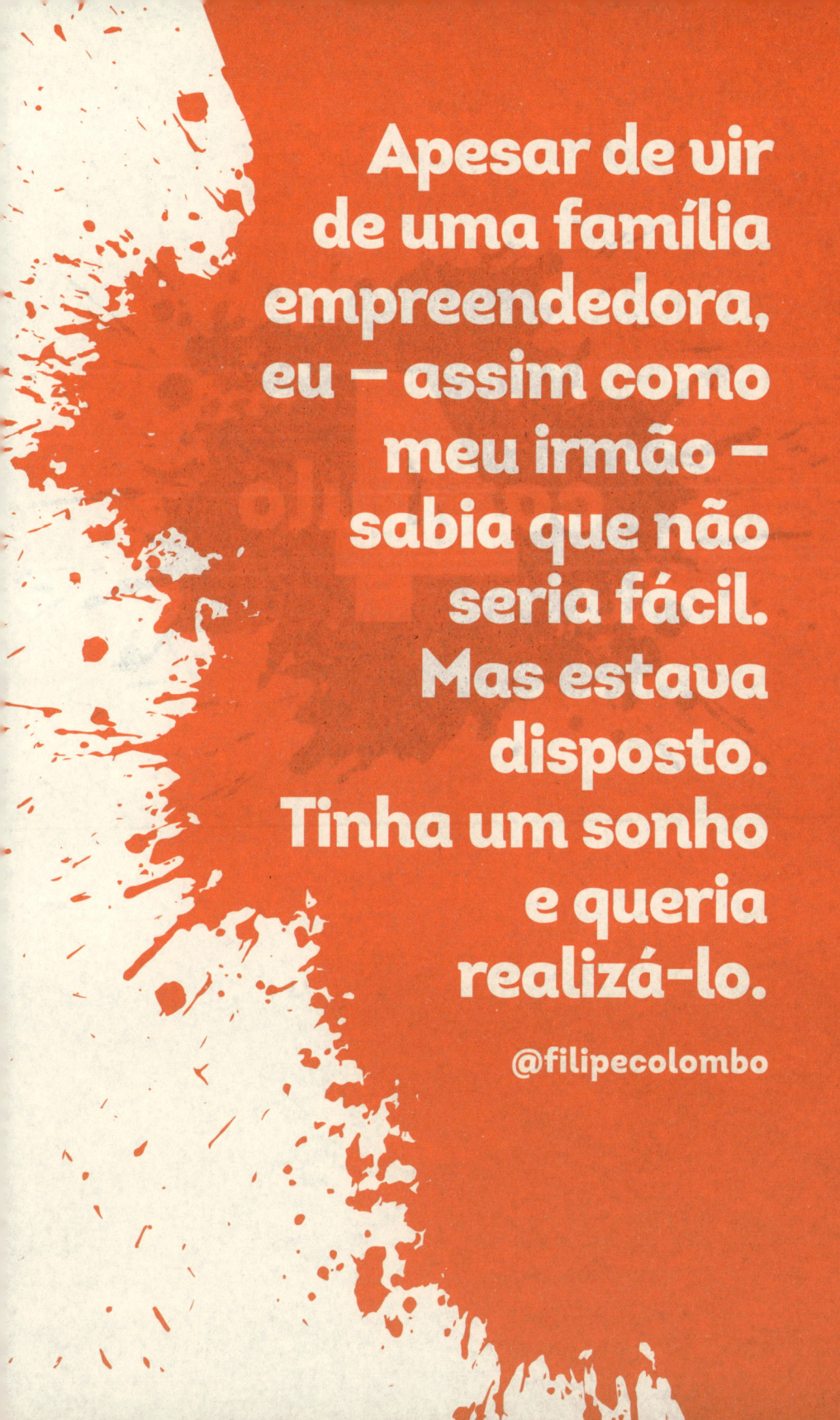

Apesar de vir de uma família empreendedora, eu – assim como meu irmão – sabia que não seria fácil. Mas estava disposto. Tinha um sonho e queria realizá-lo.

@filipecolombo

capítulo 4

QUANDO DECIDI SER EMPRESÁRIO

Frequentando a fábrica desde o nascimento e convivendo com a rotina de trabalho dos meus pais, eu já sabia, desde a adolescência, que esse era o caminho que queria seguir. Imaginava-me comandando a empresa, tomando decisões e perpetuando o trabalho do Beto. Lembro-me exatamente do dia em que tomei essa decisão. Eu tinha 14 anos e estava assistindo a uma palestra do meu pai. Ele falava com estudantes de Administração e empresários sobre o modelo de gestão da Anjo. Fiquei encantado com a possibilidade de impactar a vida de centenas – e até de milhares – de pessoas, ajudando-as a realizarem seus sonhos.

Assim como os outros vinte milhões de empresários espalhados pelo Brasil,[21] eu tinha vontade de colocar minhas ideias em prática. Quem empreende acredita em seus propósitos e planos, ainda que surja alguém dizendo que aquilo não vai dar certo. Aliás, sempre aparecerá alguém para desencorajá-lo. Todo mundo pode ser empresário? Sim, mas precisa estar disposto a aprender. Ter objetivos claros é o primeiro passo. Ter autoconfiança e ser perseverante

---

21 PERFIL dos empreendedores. **DataSebrae**. Disponível em: https://datasebrae.com.br/perfil-dos-empresarios/#empreendedores. Acesso em: 11 jan. 2021.

também são características importantes.[22] As dificuldades vão surgir, mas aqueles que possuem perfil empreendedor sabem que são percalços naturais rumo ao sucesso, e não decisivos para desistir dos seus sonhos.

Outra característica que considero essencial em um empresário é ser líder genuíno. Você reconhece um bom líder pelas atitudes. Ele serve de inspiração para os outros; dá exemplo; tem a capacidade de administrar pessoas e equipes com personalidades e objetivos diferentes, mobilizando-as para atingir as mesmas metas. O verdadeiro líder consegue mostrar às pessoas seu valor e potencial de maneira tão clara e tão forte que elas acabam por vê-los em si mesmas.[23] Um líder genuíno fica feliz quando percebe o autodesenvolvimento do liderado, pois sabe que seu papel está sendo exercido da forma correta.

Amo o que faço e, como já disse, o que mais me encanta é saber que meu trabalho impacta a vida de muitas pessoas. E, quando digo muitas, são muitas mesmo. Só na Anjo, em 2020, éramos 440 profissionais diretos. Temos ainda mais oitenta representantes comerciais e 6.250 clientes ativos. Vamos às contas:

- 440 colaboradores (com média de quatro pessoas na família) = 1.760 vidas.
- 80 representantes comerciais (com média de quatro pessoas na família) = 320 vidas.
- 6.250 clientes (com média de cinco funcionários por empresa e quatro pessoas na família) = 125 mil vidas.

---

[22] CONHEÇA o novo perfil do empreendedorismo no Brasil! **Serasa Experian**. Disponível em: https://empresas.serasaexperian.com.br/blog/conheca-o-novo-perfil-do-empreendedorismo-no-brasil/. Acesso em: 11 jan. 2021.

[23] COVEY, S. **O 8º hábito**: da eficácia à grandeza. Rio de Janeiro: Best Seller, 2009.

- **Somando tudo: 1.760 + 320 + 125.000 = 127.080 vidas que dependem direta e indiretamente da nossa empresa. Isso sem contar fornecedores e consumidores dos nossos produtos.**

Faça essas contas também, seja qual for o tamanho do seu negócio, e você ficará admirado com o que vai descobrir. Vai ver como seu trabalho é, de fato, importante. Isso me faz pensar ainda mais na hora de tomar uma decisão importante na empresa. Lido bem com essa responsabilidade. E isso me encanta.

Desenvolvendo habilidades

Para chegar ao ponto de entender como nosso trabalho envolve e mexe com todo um ecossistema, tive que me preparar, estudar e trabalhar muito. E não vejo outro caminho para quem quer empreender. Sei que você deve ter pensado que eu era o "filho do dono" e que a empresa me veio de mãos beijadas. Mas não foi nada disso. Lembra-se de quando contei que meus pais não davam muitos presentes aos filhos? Então por que dariam uma empresa?

Comecei minha preparação por conta própria. Quando vi meu pai falando naquele palco com toda desenvoltura, percebi que não tinha as mesmas características dele. Eu era muito envergonhado. Não sabia vender. Tinha medo de falar em público. Ou seja, para ser empresário, não bastaria aprender as ferramentas de gestão; eu teria também que trabalhar minhas habilidades de relacionamento e liderança.

Sempre acreditei que, se alguém consegue fazer algo, também consigo. E comecei com a ferramenta que me estava mais disponível na época: a escola.

Sempre fui o tipo de aluno que se encolhia só de imaginar que a professora poderia me chamar para responder a alguma pergunta. Pior ainda se fosse chamado para ir à frente da sala. Eu gaguejava, ficava corado, suava, e o coração batia acelerado. Tinha um sentimento ruim dentro de mim, e isso me deixava desconfortável, e mais, paralisava-me. Já o fato de me sentir o invisível na sala de aula me dava segurança. Eu não seria desafiado, tudo continuaria igual, e eu me sentiria melhor.

Pois é, mas queria ser empresário e, com esse comportamento, jamais conseguiria liderar uma equipe, menos ainda comandar negociações com clientes ou fornecedores. Imagine ter que apresentar meu produto a uma plateia? Definitivamente, o Filipe teria que mudar. Então, com muita força de vontade, comecei a me prontificar a ler textos na escola, a apresentar trabalhos e, acredite, até a representar a turma. Foi um período difícil, até doloroso, porque tive que lidar com algo que mexia com minha estrutura, mas foi fundamental para eu aprender a lidar com minhas dificuldades e superá-las.

Nessa minha busca para enfrentar a timidez, agreguei outras experiências na minha vida que me ajudaram a vencer esse drama. Com 13 anos, influenciado pelo Gui, um amigo mais velho, comecei a tocar violão. No início, minha única intenção era atrair a atenção das meninas. Então, comecei a fazer aulas duas vezes por semana e a treinar diariamente em casa. E, para minha surpresa, três meses depois já estava tocando a primeira música. Foi incrível! Eu tinha um objetivo: aprender a tocar violão. E, para conquistá-lo, corri atrás e tive que convencer meus pais de que isso não atrapalharia o colégio. Treinei muito para conseguir o resultado esperado. **A vida é assim. Se você quer alguma coisa, não a deixe apenas no pensamento.** Crie uma meta, estabeleça prazos e corra atrás para alcançá-la. Seja uma vaga em um curso concorrido, seja um cargo novo na empresa, seja aprender uma nova habilidade, seja abrir aquele negócio dos seus sonhos.

Depois de um ano e meio de aulas, um dos meus professores me convidou para ser guitarrista em sua banda, a Scar Reef. Muito animado, topei o convite na hora. Era a oportunidade perfeita de enfrentar, mais uma vez, minha timidez. Mas a rotina era pesada. Tínhamos ensaios regulares, algumas apresentações à noite, e precisei me dedicar para me desenvolver como músico. Até estudei teoria musical por conta própria. E havia prometido aos meus pais que a banda não atrapalharia meus estudos. Se as notas baixassem, teria que deixar a banda. Precisaria dar conta do recado (e dei!).

Em 2000, gravamos um CD (com meu pai como percussionista). No estúdio, além de tocar, fiz *backing vocal* (aquela voz de apoio ao vocalista que aparece no meio da música) e segunda voz, mesmo sem técnica vocal nenhuma. Foi complicado, mas fiz. Aí, chegou o momento do primeiro show como profissional. Eu teria que cantar a música *Hey Joe*,[24] de The Jimi Hendrix Experience, na versão da banda O Rappa. No momento em que larguei a guitarra e peguei o microfone, comecei a tremer de cima a baixo, as pernas ficaram bambas, aquele Filipe que ficava vermelho quando a professora falava seu nome veio à tona, e minha voz desapareceu. Simplesmente sumiu. Eu tentava pronunciar as palavras, e nada saía. O vocalista oficial, então, começou a cantar, e o cara da mesa de som mandou trocar meu microfone, imaginando que tivesse acontecido algum problema no equipamento. Mas o problema era comigo. Meu nervosismo atrapalhou tudo. Minha voz só voltou na metade da música, e consegui terminar cantando em dupla com o vocalista.

---

[24] HEY Joe. Intérprete: The Jimi Hendrix Experience. *In:* HEY Joe/ 51st anniversary. Burbank: Reprise Records, 1967. Lado A.

A experiência não foi nem um pouco agradável, porém me colocou, mais uma vez, frente a frente comigo mesmo, com minhas dificuldades, com minha timidez, obrigando-me a enfrentá-la. Com muito esforço, seja na escola, seja na banda, seja em qualquer situação em que precisava me expor, aprendi a controlar os sentimentos negativos e a me sentir confortável com a situação de estresse que aquilo gerava. Se sou o cara mais extrovertido do mundo agora? Claro que não! Ainda fico nervoso quando vou falar em público, sinto aquele frio na barriga, mas não paraliso mais. Eu me concentro, respiro fundo, mentalizo o que vou falar no início da apresentação – esse quebra-gelo cria conexão com o público e me faz relaxar – e vou em frente. Eu não tinha essa habilidade, mas me preparei durante muitos anos e consegui me controlar de maneira que poucas pessoas que me veem hoje no palco durante as palestras, ou em uma reunião, ou dando uma entrevista, notam que sou muito tímido. E olha que já me apresentei para um público de trinta mil pessoas. Até hoje uso aquele momento de falha como aprendizado. Se você também se enquadra entre os tímidos, veja que é possível enfrentar esse medo. É normal se sentir vulnerável diante de uma plateia gigante ou no meio de uma reunião em que todos os olhares estão voltados para você. Nessa hora, mude o foco do nervosismo e concentre a atenção no assunto que tem para falar, respire fundo (mais de uma vez se achar melhor) e siga em frente. Garanto: você consegue!

Em 2007, meu pai e eu nos afastamos da banda – que existe até hoje – para nos dedicarmos somente à Anjo Tintas, pois tínhamos desafios gigantescos ali, e muitas pessoas dependiam de nós, da nossa gestão, para garantir o sustento de suas famílias. Uma responsabilidade desse tamanho não podia ser negligenciada. Ainda sobre esse assunto, lembra-se de que comecei a tocar para atrair as meninas? Minha estratégia deu tão certo, tão certo, que comecei a namorar uma menina em agosto de 2000. Ela se chama Louise, estamos casados e temos dois filhos lindos, o Theo e o Lucca.

O Beto. E o meu pai.

Em 2004, quando completaria 18 anos, decidi que era o momento de começar a trabalhar na Anjo. Estava prestes a entrar na faculdade de Administração de Empresas com ênfase em Marketing e estudaria à noite. Assim, poderia trabalhar durante o dia em período integral. Essa opção, apesar de mais cansativa, me traria aprendizado e bagagem para o crescimento profissional, porque eu poderia estudar algum assunto específico e, ao mesmo tempo, aplicá-lo na empresa, para ver a diferença entre a teoria e a prática, e também sugerir e implementar melhorias na Anjo Tintas se fossem necessárias.

Com a ideia toda na cabeça, fui dar a notícia ao meu pai: "Pai, vou começar a trabalhar na Anjo". Naquele momento, tanto ele quanto minha mãe, Albany, perceberam que, na minha cabeça, a vaga estava garantida. Afinal, a empresa era da família. Então, escutei do Beto: "Se quer trabalhar na Anjo, envie seu currículo para o departamento de gestão de pessoas. Você vai participar do processo seletivo. Se passar, será admitido e começará a trabalhar na empresa".

Quase nem acreditei naquela resposta do meu pai, mas, se esse era o caminho, lá fui eu. Pesquisei como criar um currículo, fiz o meu e mandei para o departamento responsável na Anjo. Na semana seguinte, fui chamado pela coordenadora de gestão de pessoas para participar de um processo seletivo.

Depois de testes (psicológico, inclusive) e entrevistas, fui informado de que havia sido aprovado e poderia começar a trabalhar na Anjo.

A partir dali, minha vida profissional começaria. Mas nunca tive qualquer privilégio por ser o filho do dono. Já no primeiro dia, percebi que minha vida não seria facilitada. Estava no processo de integração, com outros profissionais contratados, quando passamos pela área administrativa. Vi meu pai no andar de cima e falei: "Pai, preciso falar com você depois". No mesmo instante, ele parou o que estava fazendo e falou: "OK, vem aqui na minha sala agora".

Subi tranquilamente os nove degraus para o andar de cima do escritório e entrei na sala dele. Ao fechar a porta, nem deu tempo de me sentar quando ele exclamou: "Aqui na Anjo sou o Beto Colombo, diretor-presidente, e não seu pai. A próxima vez que me chamar de pai, estará na rua". Só consegui responder: "OK, Beto". Nem me lembrei o que tinha para falar com ele. Virei as costas e voltei para o processo de integração. Naquele dia, aprendi uma das lições mais importantes da minha vida profissional: **separar os papéis existenciais**.

Quando estou na empresa, sou um profissional que desempenha uma função; quando estou em casa, meu papel muda para filho, irmão, pai ou marido. Como empresário, não há possibilidade de lidar com seus filhos ou sua esposa da mesma maneira que lida com seus colaboradores. Ou de lidar com os colaboradores como se fossem sua família (ainda que sejam). Essa separação é extremamente importante para manter o equilíbrio em nossa vida. Imagine que tenho um problema na empresa, como uma crise que preciso enfrentar. Se levo isso para casa, meu relacionamento familiar também vai enfrentar uma crise. Isso não é saudável. **Dividir o papel existencial faz com que a vida fique mais leve e agradável, pois, apesar de ser o mesmo protagonista,**

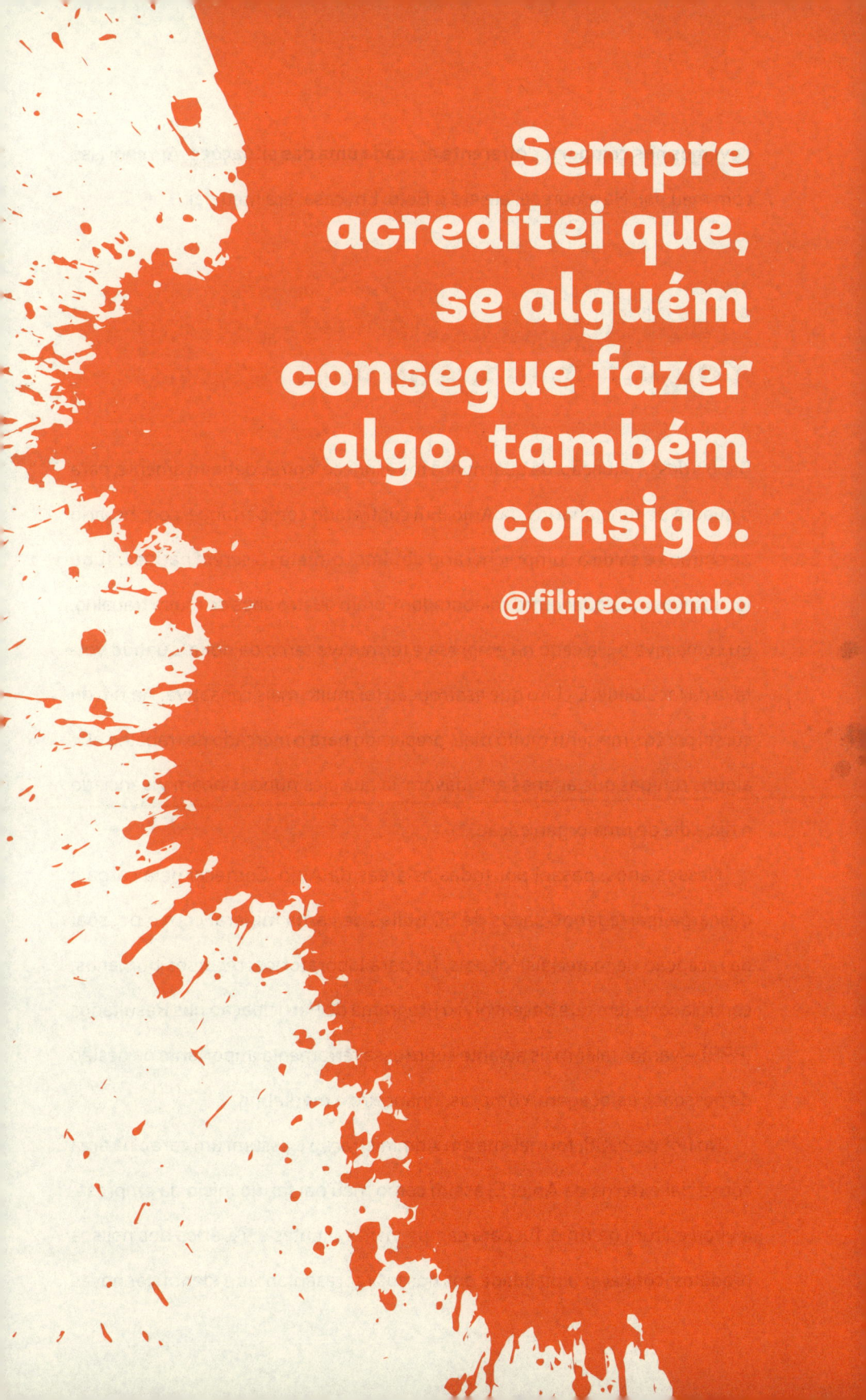

Sempre acreditei que, se alguém consegue fazer algo, também consigo.

@filipecolombo

devemos nos comportar diferente em cada uma das situações. Aprendi isso com meu pai. Na empresa, ele era o Beto. Em casa, era meu pai.

Trabalhar de dia, estudar à noite e algumas viagens pelo Brasil

Depois dessa situação, da qual nunca me esqueço, entrei, definitivamente, para o quadro de funcionários da Anjo. Fui contratado como *trainee*, com horário de entrada e saída a cumprir, horário de almoço, metas a serem batidas. Tudo igualzinho a qualquer outro colaborador. Foram quatro anos de muito trabalho. Eu começava o dia cedo na empresa e terminava tarde da noite, quando voltava da faculdade. É claro que essa opção foi muito mais cansativa. Ao fim do curso, porém, me senti muito mais preparado para o mercado de trabalho que alguns colegas que apenas estudavam, já que eles nunca tinham vivenciado o dia a dia de uma organização.

Nesses anos, passei por todas as áreas da Anjo. Comecei pela carga e descarga (carregando sacos de 50 quilos de carga mineral com o pessoal da recepção de materiais); depois, fui para laboratórios, recursos humanos, controladoria (em que desenvolvi o Programa de Participação nos Resultados (PPR) – vamos falar mais adiante sobre essa ferramenta importante na gestão de pessoas), estocagem, compras, financeiro e marketing.

No fim de 2008, formei-me em Administração e assumi um cargo na área comercial externa da Anjo. E, assim como meu pai fez no início da empresa, e virou cultura na Anjo, fui para campo visitar clientes e usuários dos nossos produtos, conhecer a realidade dos nossos representantes e identificar novas oportunidades. Durante sete meses, percorri as cinco regiões do Brasil. Ficava 21 dias viajando com nossos representantes comerciais e sete dias na empresa relatando o que vira durante as visitas. Cumpri uma agenda e tanto! Foram dezoito estados e mais de duzentas cidades, incluindo aquelas nas quais temos filiais (Vitória de Santo Antão, Bragança Paulista e Aparecida de Goiânia).

Nas viagens, pude conferir a complexidade logística e mercadológica de atender um país com temperaturas que variam de -10 °C durante o inverno da serra catarinense até 45 °C no Norte e no Nordeste. E como é importante a utilização de alta tecnologia de desenvolvimento de produtos para tamanha complexidade climática. Também pude verificar que nossas estratégias deveriam respeitar as regionalidades. O que funciona no Nordeste é diferente do que funciona no Centro-Oeste ou no Sul, por exemplo. Com essa visão, desenvolvemos estratégias comerciais e de marketing específicas para cada região, de olho na realidade do mercado local. Aprendi, ainda, que devemos sempre olhar para nosso desenvolvimento de produtos com os olhos das pessoas que vão utilizá-los no dia a dia. Descobrimos, por exemplo, que a massa plástica com validade de três meses não funcionava bem no Nordeste em razão das altas temperaturas. Com esse retorno dos funileiros de lá, desenvolvemos, com nossa equipe da Universidade Federal de Santa Catarina (UFSC), um novo produto: a cola plástica universal, com doze meses de validade, secagem rápida e facilidade de aplicação. Foi uma revolução no mercado de repintura automotiva no Brasil. E só conseguimos descobrir essa demanda porque estivemos pessoalmente entendendo as dores do nosso cliente.

Quando terminei essa rica etapa do meu desenvolvimento profissional, cinco anos após começar a trabalhar como *trainee*, fui promovido a supervisor interno de vendas, meu primeiro cargo efetivo de liderança na empresa. Liderava uma equipe de seis auxiliares de vendas que dava suporte aos noventa representantes comerciais e seis gerentes de vendas e era responsável por receber os pedidos da equipe comercial e analisá-los para ver se estava tudo de acordo com a politica acordada. Caso houvesse algo fora do combinado, ligávamos para o vendedor para confirmar e depois para o gerente, para ver se havia autorização para aquela condição diferenciada. Em seguida, montávamos as cargas de acordo com a melhor rota logística e enviávamos para a produção e despacho para a entrega. Hoje, com a evolução da tecnologia, esse processo é todo automatizado e feito pelo sistema operacional que utilizamos.

7 lições para empresários

Foram anos fundamentais, de muito trabalho, para entender que uma empresa é como uma engrenagem, em que todas as áreas precisam funcionar alinhadas e ao mesmo tempo para que tudo caminhe ordenadamente. Com tudo o que vivi, consegui aprender lições valiosas para um empresário. E as divido aqui com você, leitor:

1. SEPARE AS CONTAS DE PESSOA FÍSICA E JURÍDICA

Por menor que seja a empresa, essa é uma prática que deve ser adotada já no inicio da gestão. As contas pessoais devem ser separadas das da empresa. Entenda que você, como profissional ou empreendedor, deve se sustentar com seu salário, previamente estipulado e segundo a realidade da empresa (ele entra como despesa), e o lucro deve ser reinvestido para sustentar o crescimento corporativo. Seu salário não é o lucro obtido no fim do mês. Somente assim você vai poder crescer de modo saudável e, em vez de trabalhar para seu negócio, ele vai trabalhar para você. Quem deve enriquecer é a empresa; você, como empreendedor, vai ganhar mais dinheiro como consequência disso. Se ainda não faz essa separação, preste atenção na historinha que vou contar.

Imagine um fazendeiro que tenha uma vaca leiteira e seu sustento venha da venda do leite produzido por ela. Ele cuida muito bem dessa vaquinha e dá o que tem de melhor a ela. Um dia, resolve não comprar mais a melhor ração, pois assim pode usar o dinheiro que economizou para comprar um celular novo. Como consequência, a vaca começa a produzir menos leite, pois tem menos nutrientes, e o fazendeiro precisa ir ao mercado comprar leite para vender porque sua vaca já não produz o suficiente. Como o leite no mercado é mais caro, o fazendeiro fica com menos dinheiro e, na próxima compra de ração, terá que optar por uma de qualidade ainda mais inferior. Ao longo do tempo, a vaca ficará magra e tão debilitada que acabará morrendo. O fazendeiro, então, terá que procurar emprego para se sustentar.

O que aconteceu de errado? Imagine que a vaca é sua empresa. Em vez de continuar investindo o lucro da venda de leite para comprar rações melhores e até mais vacas, o fazendeiro gastou, de maneira errada e no momento errado, os recursos que deveriam ser usados no reinvestimento do próprio negócio.

Agora pense: como você está investindo ou gastando seus recursos? Está investindo nos clientes e no negócio? Trabalha ações para aumentar o giro e o consumo do seu produto na ponta? Está investindo em capacitação para sua evolução profissional? Com que frequência você faz isso? Anual, semestral ou semanalmente? Está investindo na pessoa jurídica para crescer e gerar ainda mais ganhos ou gastando com a pessoa física?

2. MARKETING É ~~QUASE~~ TUDO

Sua empresa só existe porque tem clientes que compram de você. Use isso a seu favor. Hoje, o consumidor não é mais aquele cliente que comprava apenas ouvindo um vizinho ou familiar, sem fazer pesquisa mais aprofundada. Agora, antes de comprar algo, a pessoa pesquisa na internet para verificar a opinião dos outros usuários. De acordo com as avaliações que encontrar, decide sua compra. Por isso, é crucial que você, como gestor, entenda da jornada do consumidor, que é o caminho que um *lead* (seu potencial cliente) percorre até adquirir seus produtos (e aí virar cliente). Quando entende isso e trabalha nessa jornada, os índices de conversão de clientes aumentam. Portanto, se a internet é uma ferramenta importante nessa jornada, faça-se presente lá, de modo que o *lead* o encontre e inicie seu caminho. De que forma? Faça seu produto ou serviço ser tão encantador que o cliente se tornará um promotor da sua marca, divulgando na internet quão bom é fazer negócio com você ou sua empresa. Essas opiniões vão entrar em um circuito, criando um *looping* de vendas e mais vendas.

Não menospreze a força de um *post* ou de uma opinião no Instagram ou no Facebook. Ou uma mensagem de WhatsApp ou Telegram. Imagine se um vídeo de um cliente emocionado com a experiência que teve com sua empresa se torna viral? É bem provável que sua empresa tenha crescimento antes inimaginável com apenas um *post*. Por isso, incentive clientes e consumidores

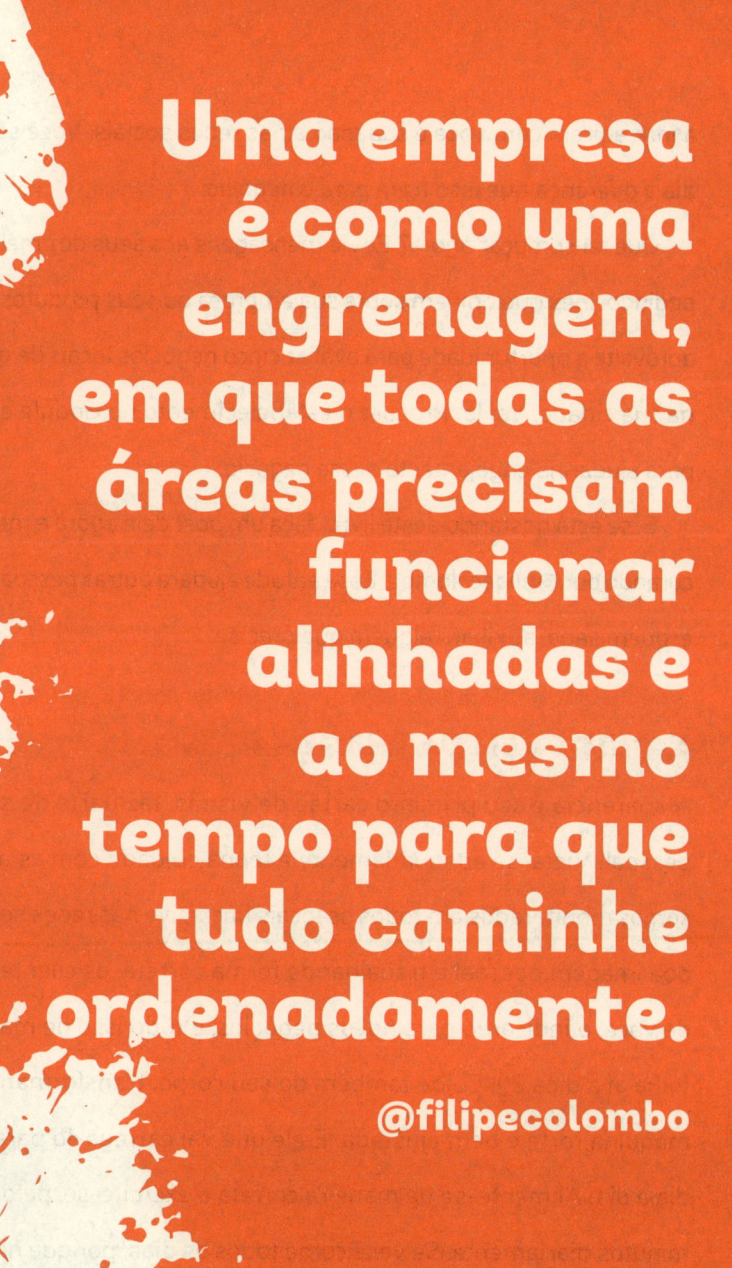

Uma empresa é como uma engrenagem, em que todas as áreas precisam funcionar alinhadas e ao mesmo tempo para que tudo caminhe ordenadamente.

@filipecolombo

a interagirem com você e sua marca nas redes sociais. Você sentirá no dia a dia a diferença que isso trará para o negócio.

Que tal começar agora? Envie mensagens aos seus dez melhores clientes pedindo-lhes que opinem sobre sua empresa ou seus produtos na internet. E aproveite a oportunidade para avaliar cinco negócios locais de que você gosta na sua cidade. Vai lá. Procure o estabelecimento no Google e dê ★★★★★ para ajudar no engajamento desse negócio.

E, se está gostando deste livro, faça um *post* dele agora e me marque, procurando por @filipecolombo. Essa atitude ajudará outras pessoas a conhecê-lo e, quem sabe, auxiliará alguém que precise.

3. CUIDE BEM DA IMAGEM PESSOAL

A aparência é seu primeiro cartão de visitas, faz parte de seu marketing pessoal. Vista-se adequadamente e tenha cuidado com as atitudes. Hoje, somos monitorados em todos os locais (inclusive nas redes sociais). Se tiver boa imagem pessoal e trabalhar de forma correta, os clientes falarão bem de você, o indicarão para novos negócios, e tudo isso de maneira gratuita (olha aí a dica 2!). Cuide também do seu corpo, transformando-o em uma máquina forte e bem ajustada. É ele que vai carregá-lo para a batalha do dia a dia. Alimente-se de maneira correta e exercite-se, pelo menos, trinta minutos diariamente. Se você come todos os dias, por que não se exercitar todos os dias, hein?

Essas pequenas atitudes são fundamentais para que você tenha uma rotina saudável e cuide de seus bens mais preciosos: seu corpo e sua mente. Com ambos funcionando de modo adequado, você conseguirá avançar em seus projetos e ter resultados melhores.

4. ESTABELEÇA METAS

A maioria das pessoas não sabe estabelecer metas. Confundem com desejos e vontades. Você precisa aprender a estabelecer metas de curto, médio e longo prazos. Mais à frente, no capitulo 6, vou falar detalhadamente sobre esse assunto e ensiná-lo a estabelecer metas da forma mais eficiente possível.

5. O SIMPLES É GENIAL

Em todos os aspectos da organização, a simplicidade deve reinar. Existe algo mágico na simplicidade. Crie indicadores simples, processos simples, simplifique tudo, sempre que for possível. Vou contar um segredo: quase sempre é possível. Todos entenderão melhor o que deve ser feito e, com isso, executarão o que foi pedido, pois é simples de ser feito. Grandes gestores ou lideranças que têm algum tipo de força, poder ou comando são admirados, muitas vezes, pela simplicidade. Vivem de maneira simples, sem carregar qualquer ostentação inútil. E mais: os grandes feitos são criados em pequenos e simples passos.[25] Sim, concordo que, às vezes, é difícil ser breve e simples. Mas não é impossível. Comece a treinar agora.

6. NÃO DÊ ESPAÇO PARA O EGO

Ego é a imagem que uma pessoa tem de si mesma. Quando está alto, faz você acreditar que pode fazer qualquer coisa, que está acima das outras pessoas, que não precisa se prestar a certas coisas pelo cargo que ocupa ou pelo status que conquistou. Isso não cola comigo. E pense bem se você se encaixa

---

[25] DELLA GIUSTINA, A. P. A genialidade mora na simplicidade. **A Semana Online**, 20 jan. 2018. Disponível em: http://asemanacuritibanos.com.br/2.1170/a-genialidade-mora-na-simplicidade-1.2039298. Acesso em: 11 jan. 2021.

nessas situações. Se se encaixar, mude suas atitudes já. Um gestor não pode dar espaço para *mimimi*, vitimismo ou sofrimento acentuado. Em nenhum momento da vida pensei: *jamais vou fazer isso*. Nunca disse "não" a uma viagem de negócios, nunca perdi uma oportunidade de acordar um pouco mais cedo, nunca deixei de fazer um trabalho duro. Já passei noites sem dormir, trabalhei em fins de semana, cumpri jornadas de trabalho de doze ou de até vinte e quatro horas, já pedi ajuda e ainda peço quando preciso. Não tenho vergonha de dizer que não sei. Ser empreendedor é isso. É trabalhar mais que todos, porque você acredita nos seus sonhos, na sua capacidade, e sabe que vai chegar aonde quer se der o melhor de si e puder contar com a ajuda de pessoas competentes ao seu lado. Não se sinta mal por dizer "não" a uma festa, a uma viagem ou a um restaurante caro enquanto constrói seu negócio. No futuro, mesmo com as renúncias, tudo vai valer a pena.

7. BUSQUE ACONSELHAMENTO

O ego também pode impedi-lo de pedir ajuda quando for necessário. Não deixe de procurar pessoas para trocar ideias, aconselhar-se, ouvir experiências e aprender. Na Anjo, temos um modelo de gestão compartilhada, em que os diretores tomam decisões em conjunto por meio de reuniões semanais; também temos um Conselho Administrativo, que se reúne a cada dois meses. Posso garantir que ele fez toda diferença em diversos momentos cruciais da vida da nossa organização.

Além disso, nossos 440 profissionais têm a oportunidade de sugerir melhorias que tragam maior agilidade, menor custo ou propiciem melhor qualidade de vida aos envolvidos na gestão ou na operação por meio do Programa de Inovação e Melhorias (PIM). Incentivamos todos a participar, pois acreditamos na capacidade criativa dos nossos funcionários. Em 2019, 51,16% deles participaram, gerando 550 novas ideias. Às vezes, são soluções simples, mas que fazem muita diferença. Uma delas foi a utilização de fita veda-rosca, essas usadas para vedar tubulações, na máquina de envase do thinner. Esse produto químico é agressivo a algumas substâncias, por isso o envase é automatizado e feito por meio de um pistão, introduzido dentro da lata, e um anel, que veda essa superfície enquanto o líquido é introduzido no recipiente. O problema é que esse anel frequentemente estourava, e o thinner se espalhava. Perdíamos produto, tínhamos que parar a produção para a troca do anel e para a limpeza da máquina e ainda elevávamos o risco de algum acidente, como um incêndio, acontecer pelo vazamento de um produto químico. Além disso, gastávamos dezenas de milhares de reais por ano comprando novos anéis. Chamamos os engenheiros que projetaram a máquina para tentar solucionar o problema. Eles sugeriram o uso do anel de outros materiais, mas nada resolvia. O thinner corroía todos eles. Um dia, um técnico que trabalha na máquina teve uma ideia. Foi até o depósito de material de construção que fica na esquina da fábrica e comprou uma fita veda-rosca. Ao voltar à produção, envolveu o anel com a fita. O problema estava resolvido, porque o thinner não agride a veda-rosca. Uma ideia simples, que custou 2 reais (preço da fita), e nunca mais precisamos trocar o anel por corrosão, apenas para a manutenção da máquina mesmo.

Dizem que conselho não se dá, que não vale a pena e que, se fosse bom, seria cobrado. Concordo que alguns conselhos que você receberá ao longo da carreira podem não servir para você ou sua empresa. Mas, se no meio deles tiver algo genial, essa ideia pode mudar tudo. Não desperdice essa oportunidade.

Gestor precisa aprimorar seus conhecimentos

Passei dois anos como supervisor interno de vendas na Anjo. Foi um período de muito aprendizado e também o melhor da organização em termos de resultado e *market share*[26] até aquele momento. Estávamos em 2010. Eu terminara a faculdade havia dois anos e queria aprimorar ainda mais meus conhecimentos. Afinal, minha ideia era me tornar presidente da empresa. É muito importante que o gestor procure se aperfeiçoar o tempo todo. Ninguém para de aprender. Sempre há algo novo ou algo para complementar aquilo que já sabemos. Assim, incentivado pelos meus pais, Beto e Albany, por minha namorada à época (hoje minha esposa), Louise, e pelo meu irmão, Rodrigo, que já era *trainee* na Anjo (e passou pelo mesmo processo admissional que eu), decidi fazer um MBA em São Francisco, nos Estados Unidos.

No entanto, antes, tive que passar meu cargo no departamento comercial. A cultura da Anjo é que um líder sempre precisa ter um sucessor preparado para assumir seu cargo. Todos que querem crescer devem ter alguém que saiba executar suas funções. **Formar sucessores é a melhor e mais eficiente maneira de garantir que a cultura organizacional prevaleça em longo prazo.** Além disso, formar seu sucessor internamente faz com que você também aprenda e se desenvolva como líder. É um processo de ganho mútuo. Foi o que fiz. No período em que fiquei no departamento, segui essa cartilha à risca. Quando decidi passar um ano fora, já tinha alguém preparado para colocar no meu lugar. E assim pude me afastar e organizar minha viagem.

---

[26] Participação em vendas de um produto em determinado mercado. (N.E.)

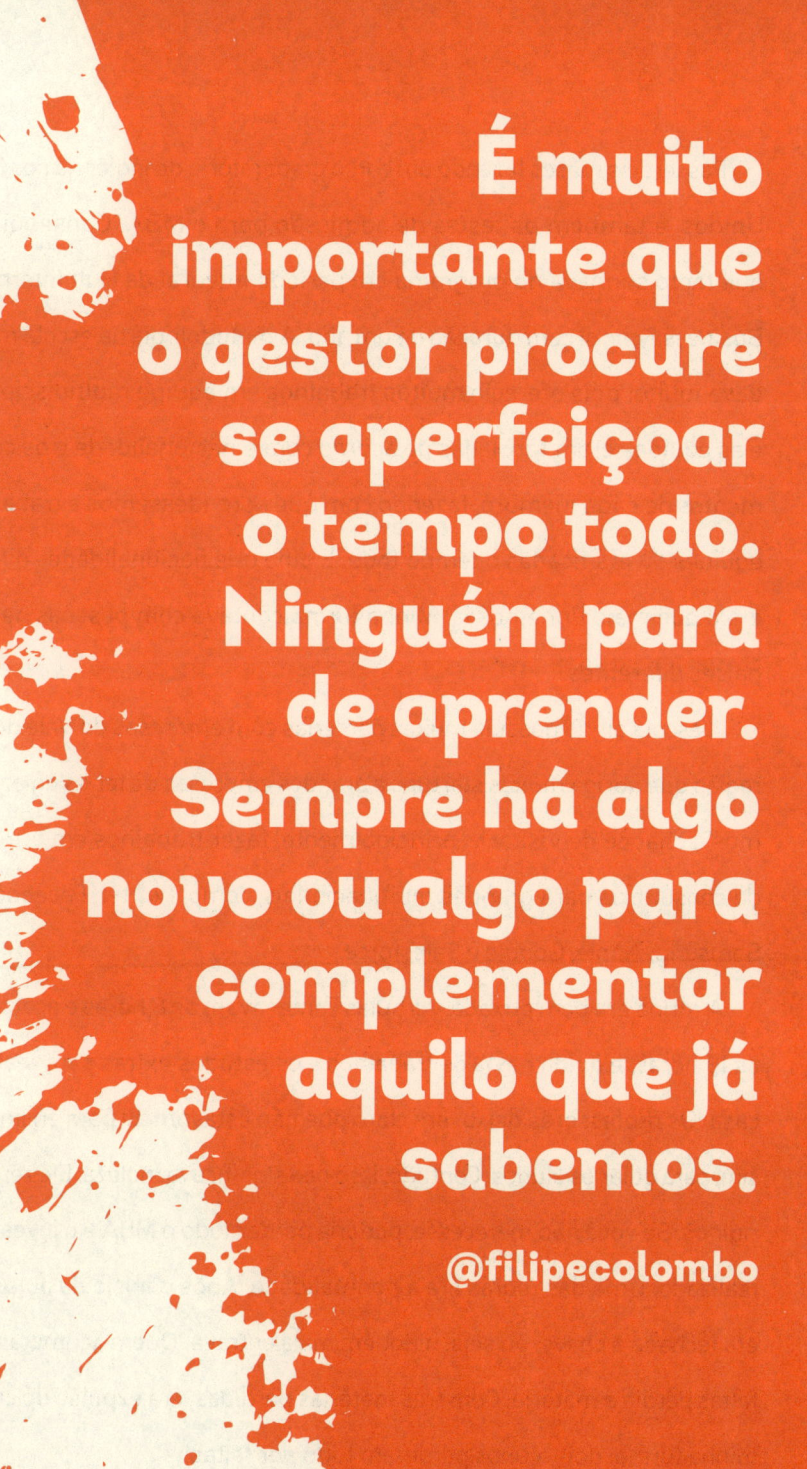

É muito importante que o gestor procure se aperfeiçoar o tempo todo. Ninguém para de aprender. Sempre há algo novo ou algo para complementar aquilo que já sabemos.

@filipecolombo

Passei seis meses fazendo um curso preparatório de inglês, já nos Estados Unidos, e também os testes de admissão para o MBA. Consegui a vaga que tanto sonhava no programa em período integral da Hult International Business School com duração de um ano. A metodologia da escola me agradava muito, pois oferecia muitos trabalhos em equipe multidisciplinares, e as equipes eram formadas de acordo com a nacionalidade e os conhecimentos de cada membro, fazendo com que aprendêssemos a trabalhar em equipes diversificadas o tempo todo. E olha que nacionalidades diferentes era o que mais tínhamos lá. Minha turma contava com pessoas de oitenta países diferentes.

A escola ainda possuía muitas parcerias com empresas do Vale do Silício, região que abriga muitas startups e grandes empresas de tecnologia, e tínhamos a chance de visitar e, principalmente, fazer trabalhos em um modelo de consultoria para grandes multinacionais, como Twitter, Facebook, IBM, Samsung, Apple, Google e Salesforce.

A rotina era bem puxada. As aulas começavam às 8 horas e acabavam só às 18 horas, e ainda havia os trabalhos e os estudos extras para realizar em casa. Os professores deixavam claro que não estavam ali para ensinar, mas, sim, para guiar os alunos. Contudo, isso não significava moleza. Eles eram bem rígidos. Se você não merecesse, poderia perder todo o MBA e o investimento realizado. Uma das regras era a pontualidade. Após o início da aula, a porta era fechada a chave, ou seja, ninguém mais entrava. Quem acumulasse duas faltas perdia a matéria. Com três matérias perdidas, era expulso do curso. Na minha turma, dois alunos perderam tudo por faltas!

O interessante de fazer esse MBA é que nele não se ensinava apenas a parte de administração; havia um superaprendizado sobre trabalho em equipe e a necessidade de confiar em quem escolhemos para estar ao nosso lado. São habilidades que julgo importantes em um empresário. Lembro que, logo no início do curso, no módulo *toolbox*,[27] tivemos uma atividade em grupo na floresta, para que pudéssemos superar diversos obstáculos só possíveis com o trabalho em equipe e confiança entre os envolvidos. Uma das atividades, por exemplo, era caminhar em uma corda (parecida com um *slackline*), com olhos vendados e mãos amarradas, enquanto os colegas ficavam ao nosso lado, preparados para nos segurar caso caíssemos. Aprendemos a necessidade de ajudar uns aos outros e ter confiança para conseguir passar esse tempo todo juntos sem competição, e sim com colaboração, e, ao fim, todos se formarem.

O curso era dividido em cinco módulos. Os três primeiros eram a parte central do programa. Já nos dois últimos, eu poderia escolher uma ou mais áreas de aprofundamento. Escolhi Gestão Estratégica e Inovação. Posso garantir que foi a fase de estudos mais insana da minha vida. Apesar da Louise, minha noiva, ter ido comigo para estudar inglês, havia dias em que não nos víamos acordados, pois eu saía às 6 horas para um grupo de estudo matinal e voltava para casa depois da meia-noite.

Mesmo com toda essa carga de estudos, mantive-me no dia a dia da Anjo, administrando as mídias sociais da empresa, que, naquela época, estavam apenas começando no Brasil. Dedicava uma hora por dia a esse trabalho, e, sem investir nada, apenas contando com o engajamento orgânico, chegamos a cem mil seguidores em nossa página do Facebook. Dessa maneira, não perderia a conexão com o que estava acontecendo no Brasil. Apesar do

---

[27] Etapa de preparação e nivelamento dos alunos para tudo que viria a acontecer naquele ano. (N.E.)

pouco tempo livre que tinha, consegui tocar essa tarefa, conciliando estudos com trabalho.

Os dois últimos módulos não aconteceram nos Estados Unidos, mas na China (Xangai) e nos Emirados Árabes (Dubai). Eu e Louise partimos para as duas cidades para mais noventa dias de aprendizado. E muito estudo (de novo!). Uma vez, em Xangai, quando estávamos desenvolvendo nosso trabalho de conclusão do curso, saí de casa às 6 horas da manhã e retornei às 4 horas da manhã seguinte – 22 horas ininterruptas de estudos e trabalho. Dormi apenas três horas e voltei para a universidade, pois tinha mais aulas para cumprir e não poderia faltar ou chegar atrasado, sob pena de perder tudo.

Apesar de muito estudo e do desgaste físico e emocional, posso garantir que tudo valeu muito a pena. Foi uma experiência da qual não me esquecerei jamais, e indico a todos que tiverem essa vontade e oportunidade que o façam. Consegui me aprimorar, melhorar minha performance profissional e ficar atualizado com modernas ferramentas de gestão e liderança. Expandi meus horizontes e aprendi novas formas de pensar e enxergar o mundo, não só em relação à cultura de diversos países, mas também sobre a maneira de fazer negócios dentro e fora do Brasil.

Muitos temas que estudei lá consegui implementar na Anjo. Criamos novas rotinas, novas análises, nossa contabilidade foi padronizada para o modelo internacional, trocamos nosso *Business Inteligence* (BI), formalizamos nossos processos de gestão de indicadores e passamos a ser auditados por uma consultoria internacional.

Após dezoito meses, voltei ao Brasil e, finalmente, me sentia preparado para assumir um novo desafio na Anjo.

Expandi meus horizontes e aprendi novas formas de pensar e enxergar o mundo, não só em relação à cultura de diversos países, mas também sobre a maneira de fazer negócios dentro e fora do Brasil.

@filipecolombo

capítulo 5

O DIA DA SUCESSÃO E A NOSSA GRANDE VIRADA

Finalmente, estava de volta à empresa. Depois do MBA no exterior, era hora de assumir uma nova posição na Anjo. Tinha 26 anos, sentia-me mais preparado e estava com mil ideias na cabeça. Quando a gente se enche de conhecimento, consegue enxergar até pequenos detalhes que podem ser aperfeiçoados na gestão. A Anjo operava muito bem, mas eu sabia que poderia colaborar para melhorar ainda mais o sistema. E me deparei com meu primeiro grande desafio. Fui promovido a diretor de marketing e inovação da empresa. Confesso que não esperava assumir um cargo dessa importância. Imaginava-me em um cargo de direção quando chegasse aos 30 anos. Mas, se a missão fora a mim confiada, ela seria cumprida. Na vida de um gestor, nos deparamos o tempo todo com desafios. Costumo dizer que é porrada no estômago o dia todo, todos os dias. E isso não é para qualquer um. É preciso estar preparado para essa função. Em vez de vê-la como fardo, prefiro enxergá-la como oportunidade. Era a chance de colocar em prática o aprendizado que adquiri depois de tanta dedicação aos estudos. Minha missão era fortalecer ainda mais nossa marca no ramo automotivo e flexográfico, em que já éramos bem posicionados, e torná-la conhecida no mercado de tintas imobiliárias.

Esse setor é altamente pulverizado, com mais de dois mil fabricantes no Brasil e domínio das multinacionais. Concorríamos com grandes indústrias que já possuíam a marca consolidada na mente e no coração dos lojistas e dos consumidores. Mesmo sem ter o poder de barganha dos nossos concorrentes na compra da matéria-prima, conseguíamos ter um produto final com custo mais baixo. Então, nossa estratégia era nos posicionar como marca de produtos de alto valor agregado (aquela que tem qualidade e outros benefícios ao consumidor, porém com preço abaixo do líder de mercado). Mas esse caminho era difícil. Quando o consumidor sempre usa uma marca, torna-se fiel a ela e acaba não abrindo espaço para outras. Às vezes, esse comportamento nem significa que o produto do concorrente é tão melhor que o seu. Pode ser um simples hábito comprar sempre a mesma marca. E, se queríamos entrar nesse ramo, tínhamos que quebrar essa barreira e fidelizar o cliente. Era briga de cachorro grande. Ou briga de foice no escuro, como falamos na Anjo.

O ano era 2012, e, para conseguir uma fatia maior do mercado, decidimos investir pesado em marketing de massa. Traçamos uma estratégia ousada. Resolvemos que iríamos investir em propaganda de TV em rede nacional. Ora, se fixássemos nosso nome e os benefícios dos nossos produtos na mente do consumidor, ele iria comprá-los. E que veículo melhor que a TV? Ainda mais em rede nacional? Mas nos esquecemos de que uma ação não anda sozinha. Não bastava aparecer na propaganda. Tínhamos também que estar presentes nos principais pontos de vendas (PDVs) de tintas imobiliárias. E não cuidamos dessa parte. O que aconteceu foi que o consumidor via a propaganda, ia até a loja comprar o produto, mas não encontrava a marca. O que ele fazia? Comprava a do concorrente. Nós investimos, e eles venderam. Foi uma falha grande, que custou muito dinheiro. Após o ocorrido, avaliamos toda a situação e aprendemos com nosso erro. Vou confessar uma coisa: sempre prefiro aprender com o erro dos outros; é mais barato e menos doloroso. Mas, às vezes, acontece de errarmos nós mesmos e sofrermos com o prejuízo. Uma falha, porém, nunca tem apenas a parte ruim. Tem algo bom. É ótima oportunidade de aprendizado.

Depois de estudar muito o mercado, descobrimos que já tínhamos a resposta para nossa questão em casa. Sempre fomos muito fortes em marketing de relacionamento — desde quando meu pai viajava o Brasil para estar frente a frente com os clientes, e depois eu mesmo tive essa experiência quando percorri o país — e precisávamos intensificar esse trabalho. Criamos uma estratégia com foco nos nossos clientes, no ponto de venda e nos consumidores. De que forma? Aproximamo-nos ainda mais dos parceiros para, com eles, criarmos ações individualizadas com foco em aumentar o *sell-out*, ou seja, a venda direta ao consumidor final. Com isso, desenhamos soluções diferenciadas para cada loja. Porque o que funcionava em uma, às vezes, nem fazia cócegas na outra. Em algumas lojas, usamos panfletagem; em outras, propaganda em rádio, promotoria técnica, ações com arquitetos, vendedores e pintores e até mesmo a propaganda em TV. Mas nunca mais nos esquecemos de investir no PDV, pois é ali que as vendas de tintas acontecem. Finalmente, conseguimos achar o caminho, e até hoje essa estratégia traz ótimos resultados.

Com essa mudança de estratégia, conseguimos mudar a forma de atuação e consolidar nosso posicionamento no mercado. A esse posicionamento chamamos, internamente, de luxo acessível. Significa que temos um produto tão bom ou melhor que o dos líderes de mercado e com preço abaixo da concorrência. Isso acontece porque temos uma estrutura organizacional mais enxuta, o que faz com que os custos sejam menores e a tomada de decisão muito breve. Assim, conseguimos rapidamente fazer adaptações em nossa estrutura, nos nossos produtos e na nossa política de preços e sair na frente de outras marcas. Em uma multinacional, isso leva mais tempo, porque em sua estrutura, com muitos níveis hierárquicos, uma alteração como essa precisaria passar pela aprovação de muitas pessoas até que a decisão fosse colocada em prática.

Enquanto estive como diretor de marketing e inovação, trabalhei ao lado do Beto, na mesma sala, e pude conferir diariamente como ele se comportava em diversas situações. Lembro-me de que uma vez, durante uma reunião de diretoria, o clima ficou bem pesado. Os resultados não estavam bons, e o diretor administrativo estava muito nervoso e foi rude com o diretor comercial, inclusive proferindo palavrões e insultos. Diante da situação, o Beto interrompeu a reunião e chamou os dois para conversar separadamente. Ao diretor exaltado, pediu calma e explicou que não poderia agir assim. Já ao diretor insultado, o Beto se desculpou pela situação e explicou que o outro diretor estava passando por alguns problemas pessoais. Como sempre tivemos relacionamento transparente e de confiança com nossos colaboradores, esse diretor entendeu a situação e ainda se preocupou com o problema do colega de trabalho, pois todo esse estresse poderia ser prejudicial à saúde dele. E tudo se resolveu. Alguns dias depois, os dois diretores já haviam se acertado, e tudo voltou a ser como antes. Aprendi com esse caso a importância de cuidar da nossa equipe e de fazer com que todos se sintam bem e confortáveis na empresa, mesmo em situações tão tensas como essas. Aquilo para mim foi inspirador. E um baita treinamento.

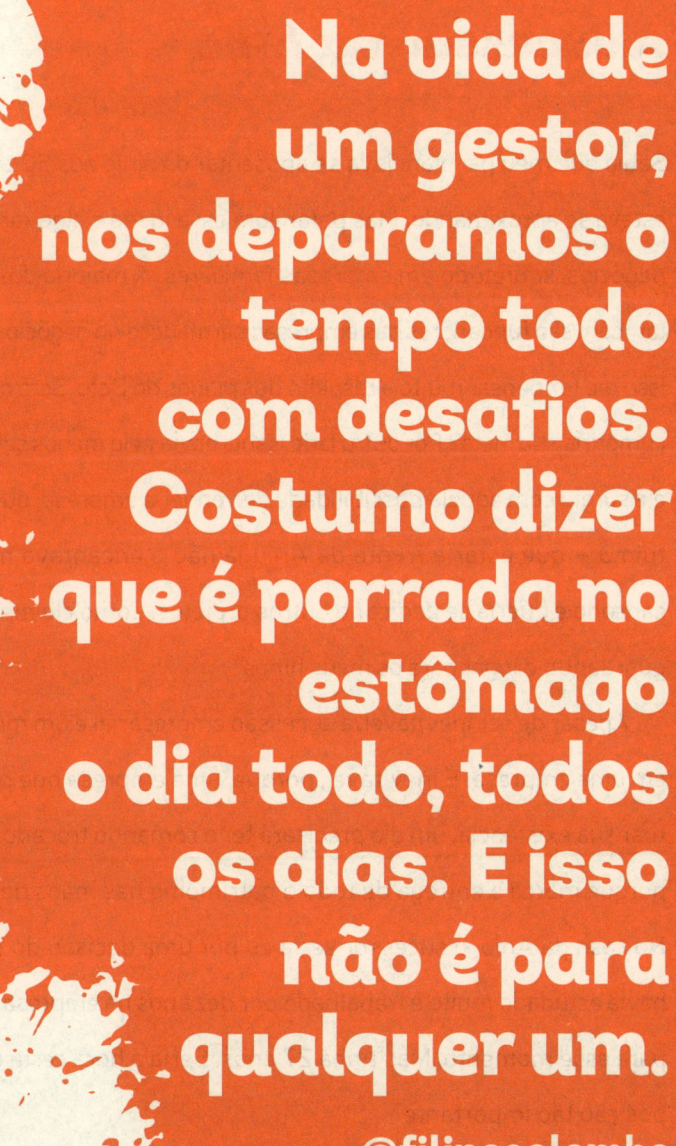

Na vida de um gestor, nos deparamos o tempo todo com desafios. Costumo dizer que é porrada no estômago o dia todo, todos os dias. E isso não é para qualquer um.

@filipecolombo

A sucessão na Anjo

Sabia que meu pai planejava se aposentar da Anjo aos 50 anos. E essa data estava se aproximando. Mas parar com essa idade é algo raro no mundo dos negócios, sobretudo em empresas familiares. A maioria dos executivos que também são fundadores das empresas permanece no negócio até o fim da vida. Isso me fez pensar muito a respeito dos planos do Beto. Será que ele realmente cumpriria sua meta? Por outro lado, sabia havia pelo menos seis anos – quando ele surgiu com aquela possibilidade de vender a empresa, que contei no capítulo 3 – que estar à frente da Anjo já não o encantava mais. Ele estava cansado e queria se dedicar a outros projetos. Como ele mesmo diz: "Fiquei guardando o lugar para os meus filhos".

Apesar de ser inevitável, a sucessão empresarial é um momento delicado em uma empresa. É inevitável, porque, uma empresa que pensa em perpetuar sua existência, um dia precisará ter o comando trocado. Mas é delicado, porque marca a entrega de todo o patrimônio nas mãos de outra pessoa.[28] No caso da Anjo, o sucessor seria eu por uma decisão do Beto. De fato eu havia estudado muito e trabalhado por dez anos na empresa preparando-me para esse momento. Mas tinha 27 anos. Seria a hora certa de assumir uma posição tão importante?

Quando me propôs a sucessão no início do ano, imaginei que o Beto terminaria 2013 como CEO, e eu assumiria apenas em 2014. Mas não. O Beto cumpriria sua promessa e sairia da operação da Anjo no dia de seu aniversário de 50 anos, e eu teria cerca de seis meses para assumir o maior desafio da minha

---

[28] SOUZA, I. de. Sucessão empresarial: aprenda como fazer uma sucessão bem-sucedida. **Rock Content**, 15 set. 2019. Disponível em: https://rockcontent.com/br/blog/sucessao-empresarial/. Acesso em: 11 jan. 2021.

vida. Claro que esse era meu sonho, mas tenho que admitir: não imaginei que chegaria tão rápido ao cargo.

A sucessão é um dos momentos mais importantes em uma organização. Por isso, requer planejamento e cuidado. O Beto sabia disso. E organizou um Conselho Administrativo presidido por ele e por outros quatro conselheiros externos independentes e bastante experientes para ajudar no período da transição. Após a sucessão, o Conselho seria mantido (lembra-se das lições de que falei no capítulo anterior? Buscar aconselhamento faz parte da vida de um empresário), e sua principal função seria maximizar o resultado e o retorno dos investimentos. Com a diretoria da empresa, os conselheiros elaboram diretrizes estratégicas para a organização, respeitando a realidade do negócio. Isso me acalmou um pouco, pois, além de termos na empresa uma equipe de diretores e gerentes muito bem capacitados e comprometidos, teríamos conselheiros para nos ajudar a tomar as melhores decisões. Todavia, mesmo com tudo isso, os primeiros anos não foram fáceis para mim.

Enfim, no dia 29 de julho de 2013, o Beto completou 50 anos, e fizemos a celebração do processo de sucessão na Anjo. A partir daquele momento, meu sonho estava realizado, e eu iniciava uma nova etapa em minha vida. E veja só como nossa jornada é feita de coincidências. O Beto começou a Anjo no dia em que nasci. Vinte e sete anos depois, eu assumia a presidência, e meu primeiro filho, o Theo, nascera havia treze dias. Se lá em 1986 a história da empresa crescia com minha história de vida, agora a história de vida do meu filho cresceria com minha vida como CEO.

Ao sentar-me naquela cadeira da presidência, eu tinha um misto de sentimento de alegria — afinal, estava com a emoção à flor da pele — e preocupação. Não estava nervoso. Recebia a empresa na melhor fase de sua história, com a operação e a gestão funcionando adequadamente, uma linha de produtos invejável, uma equipe altamente qualificada e comprometida. Mas sabia do peso dessa responsabilidade. Como fiz questão de deixar claro no meu discurso de posse.

> *[...] não significa que será uma tarefa fácil; teremos que trabalhar muito, trabalhar juntos, mas vamos crescer e aprender com isso. Aceitei a difícil proposta de ser o sucessor de uma das pessoas mais brilhantes que já conheci, o meu pai, Beto Colombo. Aceitei, principalmente, por dois motivos. O primeiro é que, ao longo dos anos, me apaixonei pelo negócio e pelas amizades que fiz aqui dentro e com clientes. O segundo motivo foi o desafio de administrar uma empresa do tamanho da Anjo, fazê-la crescer ainda mais e deixar um legado para o futuro.*

Sou simplesmente apaixonado pelo que faço. E, mesmo diante dos momentos difíceis, nunca me arrependi quando, aos 14 anos, decidi que um dia seria empresário. Claro que os primeiros anos não foram fáceis, mas nosso ponto de virada foi unir os três pilares de uma boa administração (vendas + gestão de pessoas + gestão de indicadores) para termos um negócio próspero e com futuro promissor. E, seguindo esses pilares, consegui me manter à frente da Anjo com resultados positivos ano a ano. Então, o que é necessário para aplicar esses pilares também em sua empresa?

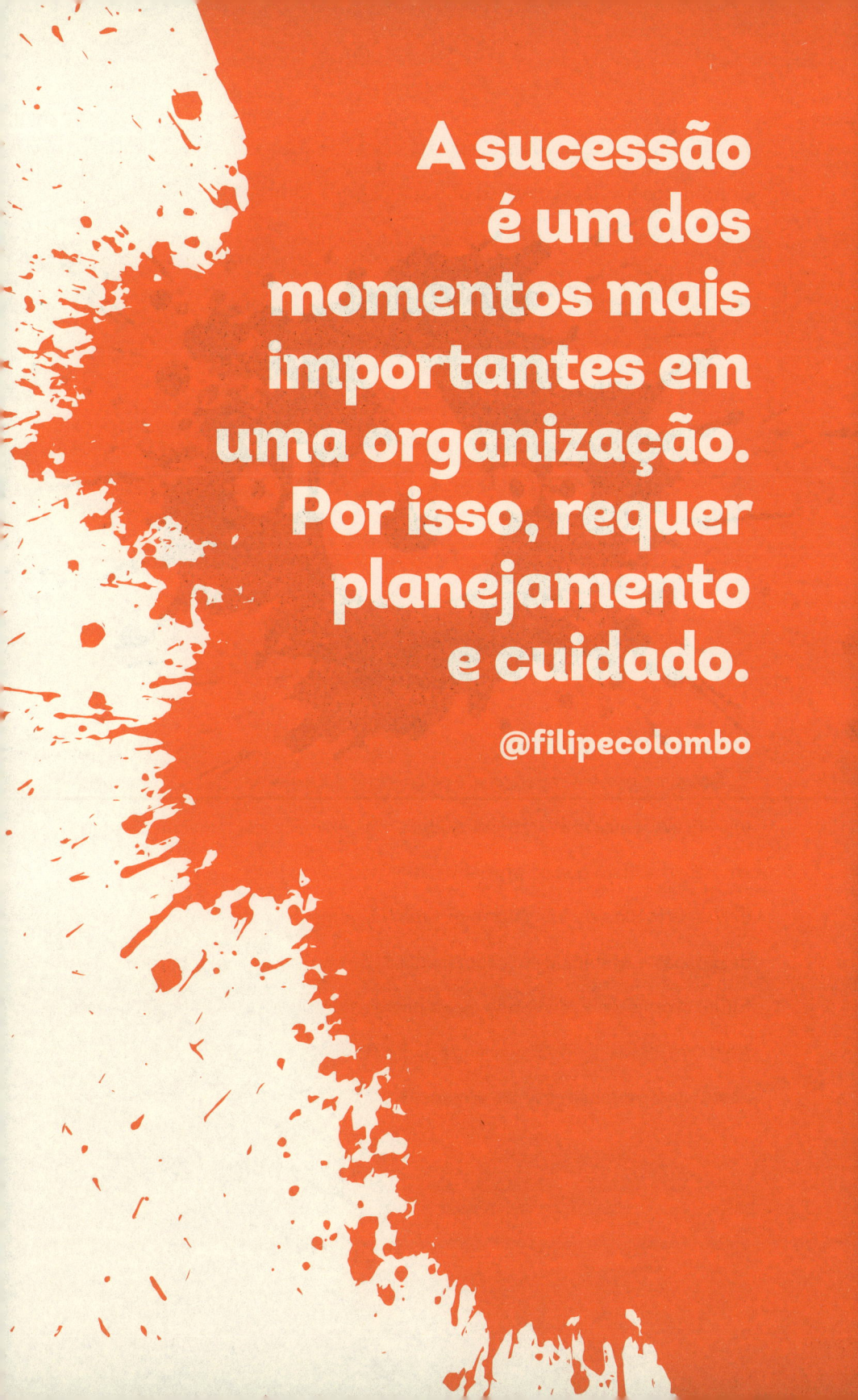

A sucessão é um dos momentos mais importantes em uma organização. Por isso, requer planejamento e cuidado.

@filipecolombo

capítulo 6

PRINCIPAIS DESAFIOS DE UM CEO

O CEO é o guardião da cultura da empresa. Você já deve ter ouvido ou lido essa frase por aí. Ela é bem conhecida no meio corporativo. Mas você sabe o que é a cultura organizacional? Segundo a Endeavor, "a cultura é o resultado de uma colisão entre pessoas, como elas interagem entre si em um ambiente e como esse ambiente evolui baseado nessas interações".[29] Ou seja, é o conjunto dos valores compartilhados em uma empresa, desde o CEO até os funcionários. Essa cultura também está ligada ao propósito. Algo muito valorizado hoje. Uma corporação sem propósito claro, aquele que os clientes enxergam e com o qual se identificam, está correndo um grande risco de desaparecer em poucos anos. Sobretudo na era digital, quando todo mundo fica, praticamente, transparente. A 20th Global CEO Survey, pesquisa global realizada pela PwC com cerca de 1.400 CEOs de 79 países, mostrou que 92% deles concordam que é muito importante que o propósito da empresa esteja refletido em seus valores, em sua cultura e em seus comportamentos.[30] O responsável por manter

---

[29] CULTURA organizacional: o que é, e como fortalecer. **Endeavor** [s.d.]. Disponível em: https://endeavor.org.br/pessoas/cultura-organizacional-o-que-e-como-se-forma-e-meios-de--fortalecer/. Acesso em: 11 jan. 2021.

[30] LUZ, H. Os novos desafios dos CEOs. **PwC Brasil** [s.d.]. Disponível em: https://www.pwc.com.br/pt/sala-de-imprensa/artigos/pwc-novos-desafios-ceos.html. Acesso em: 11 jan. 2021.

essa cultura forte é o CEO, que também deve agir como *Chief Culture Officer* (CCO),[31] gestor responsável por manter a cultura da empresa e fazer com que seja seguida pelos colaboradores. Além disso, ele é preparado para responder às demandas do mercado, associando-as aos valores da organização. Esse é apenas um dos desafios da carreira de um CEO. Existe outro, porém, que, assim como manter a cultura, considero indispensável, que é criar uma empresa que não dependa desse gestor. Você pode me questionar: "Poxa, Filipe, mas você vai deixar que outras pessoas saibam o mesmo que você?". Minha resposta é simples e direta: "Sim". Empresas que possuem um "superCEO", ou um gestor que faz tudo e todos dependem dele, estão ultrapassadas.

Trabalho para que a Anjo funcione sem precisar de mim. Não sou eterno. Um dia vou sair da cadeira de CEO, e, para que isso não seja um problema, tenho uma equipe de diretores e gestores muito capacitada, alinhada com nossa cultura organizacional, que sabe exatamente o que fazer se eu não estiver ali. É função do CEO pensar em como perpetuar o negócio sem ele, preparando um sucessor para sua cadeira. Se você é CEO e não pensa nisso, saiba que está limitando e dificultando a sobrevivência do seu negócio no futuro.

Para montar essa equipe, o CEO precisa estar constantemente antenado aos grandes talentos que existem no mercado e trabalhar para atraí-los para a organização. Assim como descobrir e reter os talentos internos. Quando promovemos alguém de dentro da empresa, além de segurarmos um profissional de alta qualidade, incentivamos os demais colaboradores, mostrando que, se forem dedicados e competentes, também terão oportunidade de crescimento e desenvolvimento profissional. E todos podem

---

[31] CULTURA organizacional: o que é, e como fortalecer. **Endeavor** [s.d.]. Disponível em: https://endeavor.org.br/pessoas/cultura-organizacional-o-que-e-como-se-forma-e-meios-de--fortalecer/. Acesso em: 11 jan. 2021.

colaborar. Walter Schalka, CEO da Suzano, diz que um jovem que acabou de entrar na empresa pode ter ideias que ajudem na tomada de decisão de um CEO, e o líder deve ouvir todos, inclusive aqueles que estão em cargos mais baixos.[32] Na Anjo, minhas portas estão sempre abertas. Não vejo por que depender da genialidade de uma só pessoa (o CEO) se todos possuem cabeça pensante e podem contribuir com a gestão da organização. Dessa maneira, crio uma equipe multidisciplinar e engajada, que ajuda a pensar o futuro da companhia.

Falando em futuro, o CEO não pode ficar parado, pois o mercado corporativo muda muito rápido. Penso que tenho que me reinventar todos os dias. De repente, uma empresa pode surgir com um novo modelo de negócio que substitui o meu. E como eu fico? É função do CEO enxergar essa movimentação e criar estratégias antes que seja tarde. Ele precisa estar constantemente ligado em antecipar os movimentos do seu business. É viver o futuro antes que ele chegue, prevendo a próxima estrada a ser tomada, identificando os tipos de suprimentos necessários para concluir a viagem e o que será feito quando chegar ao destino final.

Pensar estrategicamente

Só existe uma maneira de se preparar para esse futuro que nem chegou: pensar estrategicamente – essa deve ser uma das principais características de

---

[32] JANKAVSKI, A. Especial liderança: não existe o tal do "super CEO", diz presidente da Suzano Papel e Celulose. **Consumidor Moderno**, 18 jan. 2018. Disponível em: https://www.consumidormoderno.com.br/2018/01/18/especial-lideranca-nao-existe-super-ceo-diz-
-presidente-da-suzano/. Acesso em: 11 jan. 2021.

um CEO. Quem adquire essa capacidade consegue pensar em estratégias no longo prazo. Sei que o futuro é incerto, principalmente hoje, com mudanças cada vez mais rápidas e no país instável em que vivemos. Mas, justamente por isso, planejamento é essencial. Tentar tornar esse futuro mais claro, viável e mais a favor do negócio não é apenas inteligente, mas indispensável.

O pensar estrategicamente é muito utilizado nos discursos corporativos. No entanto, observo que poucos gestores realmente o executam. Isso acontece porque exige que o gestor saia do lugar-comum, de algo que domina, que é o dia a dia da organização, e enxergue a empresa pelo lado de fora. Na prática, a maioria das pessoas ainda é operacional, comportamento herdado dos antepassados que viveram a Revolução Industrial. Esse movimento automatizou as fábricas, confinou trabalhadores em ambientes fechados e criou uma legião de dependentes de empregos, salários, carteira assinada, crachá e outros benefícios. Ou seja, as pessoas passaram a acreditar que a eficiência estava no trabalho e no resultado imediato do que estavam fazendo. Hoje, ainda há gestores com esse pensamento. Claro que trabalhar no operacional é mais atrativo, pois você vê o resultado no curto prazo, mas, em geral, essa atitude não garante a perpetuidade da empresa. Por isso, o CEO deve pensar de forma estratégica, e não operacional.

Quando coloca essa habilidade em prática, consegue traçar o planejamento estratégico (PE), ferramenta muito importante da administração para determinar as decisões que serão tomadas pensando na longevidade da empresa. E isso não só nas grandes empresas. As pequenas empresas também se beneficiam quando fazem um planejamento estratégico. O problema é que ainda são poucos os pequenos empresários que adotam a estratégia. Uma pesquisa realizada pela empresa estadunidense Constant Contact, em

O CEO é o guardião da cultura da empresa.

@filipecolombo

2018, com 1.005 proprietários de pequenas empresas, mostrou que 63% deles não fazem planejamento a longo prazo, antecedendo-se, no máximo, em um ano.[33] Aí, você pode falar: "Mas, Filipe, minha empresa é pequena, faço tudo aqui, não tenho tempo pra nada, corro o tempo todo, como posso parar e pensar estrategicamente?". Sim, sei que é difícil. Negócios em fases iniciais ou empresas pequenas são assim mesmo – também fomos pequenos um dia –, mas quero que tenha em mente que, se estiver correndo tanto assim e a direção for a errada, você estará se distanciando ainda mais do seu objetivo a cada passo que der. **Na maioria das vezes, correr sem direção é pior que ficar parado.** Existem muitas empresas que até sobrevivem e prosperam sem o planejamento estratégico, mas tenho certeza de que devem perder muitas oportunidades ao não o aplicar. Se você é gestor de uma dessas empresas, é hora de mudar sua atitude.

Fazer um planejamento estratégico é garantia de que tudo ocorrerá exatamente como foi previsto? Claro que não. Acidentes de percurso podem acontecer e tirar a organização do trajeto ideal. Lembre-se de que o **planejamento não é trilho, e sim trilha**. O trilho é um caminho fixo, enquanto a trilha é flexível às pequenas mudanças de trajeto que porventura sejam necessárias, mas sempre com o destino final em mente para nortear os próximos passos. Na Anjo, por exemplo, fazemos o planejamento estratégico com visão de dez anos, porém a cada cinco anos o revisamos para ver se ainda faz sentido. Além disso, todos os anos realizamos os orçamentos anuais com base no planejamento estratégico. Afinal, sempre vai existir

---

[33] WALTHAM, M. Constant Contact survey reveals new insights on 2018 small business strategy, outlook and priorities. **Constant Contact**, 19 abr. 2018. Disponível em: https://news.constantcontact.com/2018-04-19-Constant-Contact-Survey-Reveals-New-Insights-on-2018--Small-Business-Strategy-Outlook-and-Priorities. Acesso em: 11 jan. 2021.

tempo de vacas gordas e vacas magras, tempo de bonança e escassez. O segredo é guardar durante a bonança para poder ser mais estratégico e passar pela escassez da maneira mais saudável possível, aguardando as próximas oportunidades.

Para fazer um bom PE, é importante que o gestor saia da operação e enxergue a empresa por outro ângulo. Quando digo sair da operação, não significa que você precisa abandonar seu cargo, mas, sim, afastar-se por umas horas da agitação do dia a dia empresarial, daquele entra e sai da sua sala, daquele telefone que não para de tocar, daquelas decisões que precisam ser tomadas imediatamente (essas demandas acontecem a todo momento) para se dedicar a isso. Sei que, quando a empresa está começando, o fundador é o CEO, administrativo, marketing, vendas e muito mais. Mas sugiro que tire uns momentos na semana, ou no mês, para sair da operação e pensar estrategicamente.

Se sua empresa tiver funcionamento hierárquico, sugiro que inclua seus líderes e profissionais-chave no processo. Ao tornar o PE participativo, o gestor consegue mais alinhamento e engajamento entre todos, aumentando as chances de que as ações ali elaboradas sejam reais e possam ser colocadas em ação.

Faça seu PE

O PE deve responder a três questões-chave:

1. Onde sua empresa está hoje?
2. Aonde quer chegar no futuro?
3. Como chegará?

Traçando seu PE para os próximos cinco ou dez anos, você consegue definir ações mais assertivas. Além disso, identifica e, quando for o caso, antecipa possíveis riscos na tomada de decisão.

No início, o PE pode parecer complicado. Então, para quem vai começar, sugiro esses quatro passos:

1º PASSO: ONDE SUA EMPRESA ESTÁ HOJE?

Comece seu PE coletando informações sobre sua empresa. Descubra seu posicionamento no mercado, identifique as principais dificuldades e os pontos fortes (em que a empresa manda bem?). Você pode fazer isso conversando com clientes, colaboradores e usuários de seu produto ou serviço, assim como coletando dados do mercado em que atua. Quanto mais informações conseguir captar, mais subsídios terá para a tomada de decisões dos próximos passos do PE.

É nesse momento também que se faz a definição ou validação de **missão** (razão pela qual a empresa existe), **visão** (aonde a empresa deseja chegar no longo prazo) e **valores** (princípios ou mandamentos da cultura da empresa e dos quais não se abre mão). Essa definição é importante para que o plano tenha alinhamento com o longo prazo, bem como respeite a cultura da organização. Minha dica aqui é de que os valores sejam declarações curtas, fáceis de gravar, que reflitam, principalmente, a realidade cultural da empresa e impactem de maneira positiva todos os envolvidos. Para você ter uma ideia, a missão e os valores da Anjo são:

MISSÃO	VALORES
Proporcionar produtos e relacionamentos duráveis com flexibilidade, inovação e sustentabilidade.	• Gestão ética, inovadora, participativa e acessível; • Comprometimento com a comunidade e meio ambiente; • O mercado orienta nossas ações; • Escutamos profissionais, clientes e fornecedores; • Saúde e segurança dos nossos profissionais; • Segurança patrimonial; • Melhoria contínua de processos, produtos e serviços; • Lucro e saúde financeira; • Reinvestimento dos lucros e participação nos resultados.

2º PASSO: PLANO DE AÇÃO

Para definir seu plano de ação, primeiro você terá que fazer um estudo aprofundado da sua empresa, determinando seus pontos fortes e fracos e as metas que quer atingir com base nas informações que coletou no passo 1. Vamos começar identificando as forças, as fraquezas, as oportunidades e as ameaças da empresa. Para fazer isso, use a ferramenta chamada **Matriz SWOT** (veja a figura a seguir). Na primeira linha, indicada com as letras "S" e "W", coloque os pontos fortes (*Strengths*) e os pontos fracos (*Weaknesses*) da organização. Essa linha diz respeito aos fatores internos da empresa, ou seja, tudo o que influencia internamente, de maneira direta, o dia a dia de trabalho. Já na linha de baixo, indicada com as letras "O" e "T", coloque as oportunidades (*Opportunities*) e as ameaças (*Threats*), mas agora olhando os fatores externos, ou seja, olhando diretamente o mercado em que atua.

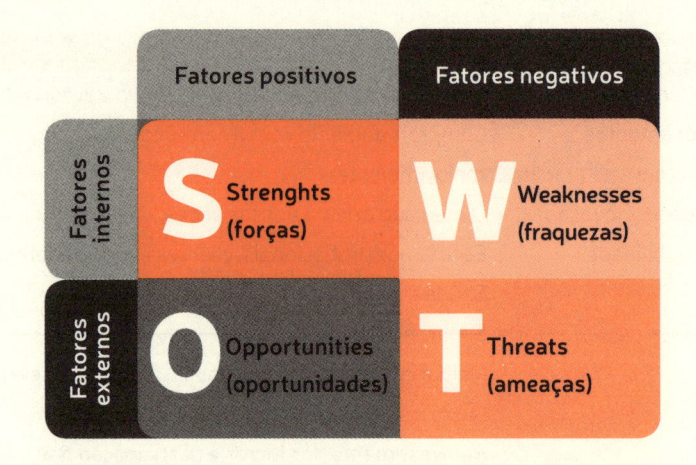

	Fatores positivos	Fatores negativos
Fatores internos	**S** Strenghts (forças)	**W** Weaknesses (fraquezas)
Fatores externos	**O** Opportunities (oportunidades)	**T** Threats (ameaças)

Com base nas informações que você colocou em cada letra, ou seja, em cada espaço do quadro, defina as metas, priorizando as mais importantes. Não tenha pressa. Essa análise deve ser feita com bastante atenção, a fim de ter certeza de quais metas devem vir à frente.

O problema que vejo é que a maioria das pessoas não sabe estabelecer metas, confundindo-as com desejos e vontades. Desejos são as famosas listas de realizações que quase todo mundo faz na virada de um novo ano. Não há um planejamento que possibilite a conquista do resultado desejado, por isso, normalmente, o desejo continua sendo desejo por vários anos.

Uma empresa não pode se sustentar de sonhos e desejos. Existe, sim, o momento do sonho, e ele deve ser expresso na declaração de visão da empresa; porém, para crescer, ela precisa de metas consistentes, possibilitando melhores resultados ao fim de um período. A meta é o objetivo que você deseja alcançar, com planejamento e prazo para ser cumprida. Por isso, é preciso atenção ao criá-las, pois elas precisam ser reais. Para ajudar nessa tarefa, um bom caminho é aplicar a consagrada metodologia **SMART**, baseada em cinco fatores: **S** (*specific*, ou específico); **M** (*measurable*, ou mensurável); **A** (*achievable*, ou alcançável); **R** (*relevant*, ou relevante); **T** (*time-based*, ou temporal). Essa é uma forma eficiente de criação de metas e funciona como um *checklist*, no qual cada meta é verificada e avaliada se possui os requisitos para atingir o resultado esperado.[34]

Como você já viu, na palavra SMART, cada letra tem um significado. Vamos entender cada um deles:

S – *SPECIFIC* (ESPECÍFICO)

Quando definimos objetivos muito vagos ou generalizados, como "ganhar mais dinheiro", "fazer uma viagem" ou "vender mais", eles raramente são atingidos, porque não são específicos o suficiente. Só se tornam específicos quando identificamos e explicitamos o resultado desejado e direto de cada meta estabelecida. Para isso, responda:

- O que quero atingir?
- Por que quero isso?
- Por que é importante?
- Quem está envolvido no processo?
- Aonde vou chegar depois de atingir o objetivo?
- Qual é o prazo para concluí-lo?
- Quais são os recursos necessários?

Dessa forma, a meta vaga, que era "ganhar mais dinheiro", vira a meta específica "conquistar dois novos clientes por mês até o fim do ano" ou "aumentar a rentabilidade em 2,3% até o fim do semestre".

---

[34] ANDRADE, O. Metas SMART: o que são e como usá-las. **Rock Content**, 24 nov. 2020. Disponível em: https://rockcontent.com/br/blog/metas-smart/. Acesso em: 12 jan. 2021.

M – *MEASURABLE* (MENSURÁVEL)

O que não pode ser medido não pode ser gerenciado. Coletar dados e transformá-los em informação usando sempre números vai guiá-lo e dar feedbacks para monitorar seu progresso em direção aos objetivos estabelecidos. Uma meta mensurável deve responder às seguintes questões:

- Qual é a meta?
- Quanto é a meta?
- Como vou saber quando atingir a meta?

Assim, a meta "visitar mais clientes", muito ampla, transforma-se em "visitar cinco novos clientes por semana", que é mensurável. A meta ficará mais fácil de medir, e você saberá se está caminhando para alcançá-la, superá-la ou se corre o risco de ficar abaixo do estipulado.

A – *ACHIEVABLE* (ALCANÇÁVEL)

É muito comum vermos empresas com metas totalmente fora da realidade. Sejam elas muito fáceis ou muito difíceis de serem atingidas. Claro que a definição de metas é algo muito importante e crucial para melhorar a performance da empresa e de seus colaboradores, mas deve-se ter atenção na hora de estabelecê-las. Metas muito fáceis desanimam, pois não é preciso muito esforço para atingi-las. Já as impossíveis partem da crença do administrador de que, dessa forma, os colaboradores se esforçarão mais. Grande erro. Metas inatingíveis geram efeito indesejado, pois os colaboradores perdem a motivação diante da impossibilidade de alcançá-las. Para criarmos metas mais eficientes, elas precisam ser desafiadoras, sim, mas sempre atingíveis.

R – *RELEVANT* (RELEVANTE)

A falta de indicadores e metas para melhorar a performance é algo inadmissível em uma organização que deseja evoluir. Por outro lado, o excesso de metas também é um problema, pois cria um sem-fim de coisas que precisam ser atingidas e atrapalham o processo. Lembre-se: se determinado objetivo não é relevante para suas necessidades, essa meta não precisa ser estabelecida.

Uma meta relevante é aquela que, ao ser atingida, faz diferença para você e seu negócio. Em outras palavras, ao definir uma meta relevante, responda às seguintes perguntas:

- Vale a pena?
- Essa meta é importante nesse momento?
- Está de acordo com outros esforços que estamos fazendo agora?
- Esse é o time certo para esse objetivo?

O mundo corporativo muda muito rápido. Os ciclos estão cada vez mais curtos. O que antes levava vinte anos para mudar hoje pode levar cinco anos ou menos, construindo um ciclo de mudanças em intervalos cada vez menores. Uma das principais vantagens dos profissionais do futuro é a capacidade de aprender, desaprender e reaprender. E, dentro da sua organização, deve acontecer assim também. Uma meta relevante no passado pode não ser mais relevante hoje. Acostume-se a reavaliar, excluir e incluir metas novas conforme a necessidade.

T – *TIME-BASED* (TEMPORAL)

De nada adianta ter uma meta bem estruturada sem que haja um prazo para que seja cumprida. Precisamos de planejamento, sim, mas também de data para a realização daquilo que organizamos. Assim, sempre coloque um prazo-limite para atingir as metas definidas, desenvolvendo um cronograma realista e ao mesmo tempo desafiador.

Para saber se está definindo o período certo para cumprir suas metas, questione-se:

- Quando devo atingir essa meta?
- Conseguirei atingi-la daqui a seis meses? Ou é algo para daqui a um ano?
- O que posso fazer hoje para atingi-la? E daqui a oito semanas?

Definindo as metas

Após responder às perguntas dos cinco fatores da metodologia SMART, é hora de pensar nas metas novamente. Uma meta mal elaborada seria assim: "Contratar mais pessoas para a área de vendas". A meta SMART a transforma em: "Contratar mais sete pessoas para a área de televendas até outubro do próximo ano". Aqui estão alguns outros exemplos para que você possa se inspirar:

- Reduzir em 14% os custos de aquisição de novas matérias-primas em quatro meses;
- Publicar oito matérias por mês no blog da empresa durante o ano de 2021;
- Dobrar o faturamento do mês de outubro em relação ao mesmo período do ano anterior;
- Alcançar dez mil seguidores no perfil do Instagram até fevereiro de 2022;
- Criar um programa de participação nos resultados que distribua até 20% do lucro da empresa nos próximos doze meses;
- Definir dois indicadores de desempenho para cada área da organização até setembro de 2023.

Criar metas faz com que tenhamos uma visão clara dos nossos objetivos; assim, podemos definir melhor quem serão nossos parceiros para que possamos chegar ao resultado.

Depois que suas metas estiverem definidas, agora, sim, é possível criar o plano de ação, que é o segundo passo do planejamento estratégico. Para criar o plano de ação da Anjo, gosto muito de utilizar a ferramenta **5W2H**, que representa sete palavras do inglês:

5 W: *What* – O que será feito?
Why – Por que será feito?
Where – Onde será feito?
When – Quando será feito?
Who – Por quem será feito?

2 H: *How* – Como será feito?
How much – Quanto vai custar?

Certifique-se de que, para cada projeto (que compõe a meta), seja montada uma tabela com as respostas a essas questões-chave. Desse modo, você terá um documento auxiliar para a implementação de cada etapa do plano. Juntando essas duas ferramentas – SMART e 5W2H –, as chances de sucesso na execução serão ainda maiores.

3º PASSO: DIVULGUE O PLANO DE AÇÃO

De nada adianta fazer um planejamento estratégico e não informar a equipe sobre onde você pretende chegar. Informe todo o time sobre as ações e os projetos pensados para atingir o objetivo de longo prazo. Pode ser por meio de uma reunião de alinhamento ou, dependendo do porte da empresa, por vídeos divulgados na intranet, por informativos no mural da empresa ou até mesmo por mensagem de WhatsApp. O que importa é que o planejamento estratégico seja desdobrado por toda a equipe, por isso são essenciais a boa comunicação e o alinhamento não só de gestores e diretores, mas de toda a organização.

4º PASSO: ACOMPANHAMENTO

Com essas informações em mãos, coloque uma pessoa para ser a responsável por cada projeto. O CEO deverá cobrar dos colaboradores responsáveis o andamento desses projetos e o atingimento das metas estabelecidas. Esse acompanhamento é necessário para identificar falhas ou desvios e tomar ações corretivas antes de um possível prejuízo.

Não tenha receio de pedir ajuda

Se você nunca fez ou, pelo menos, participou de um PE e sente dificuldade para começar a elaborar o da sua empresa, sugiro a contratação de um consultor. Ou a ajuda de um mentor pessoal. Essa pessoa de fora, seja o consultor ou o mentor, vai conduzir o processo e se certificar de que você não está olhando muito para dentro ou apenas para fora da corporação.

Essa é uma das maneiras mais simples e eficazes para encontrar as falhas de sua estratégia. Procure alguém que tenha expertise para lhe ajudar em seus desafios. Essa pessoa, por estar fora da "linha de tiro", consegue ter uma visão mais clara e objetiva sobre assuntos que, muitas vezes, você não vê por estar no campo de batalha diariamente.

Como liderar a operação

Na Anjo, o planejamento estratégico foi fundamental para estruturar o tripé de crescimento: vendas + gestão de pessoas + gestão de indicadores. Testamos modelos de gestão, discutimos as ações, refizemos metas, reavaliamos os objetivos. Erramos bastante, mas acertamos mais. E, quando erramos, corrigimos rápido, porque conseguimos achar as falhas do nosso planejamento. Apesar de a Anjo já valorizar esses três conceitos, ainda era algo informal. No entanto, consegui estruturá-los e colocá-los para rodar (ou seja, para funcionar, como dizemos no meio empresarial). E ele virou um método. No fim do dia, quando faço um balanço do que passei, chego à conclusão de que isso é o que funciona para nós. E também pode funcionar na sua empresa. São três pilares que considero muito importantes para o sucesso de qualquer organização. Mesmo que cada empresa coloque peso diferente em cada um deles – ideal para seu tipo de negócio –, no meu ponto de vista, são pontos cruciais para a sustentabilidade do negócio ao longo dos anos.

Nos próximos capítulos, vou ensinar como usar cada um deles, explicando por que são vantajosos e como você pode também usá-los na sua empresa. E não se esqueça de que você é o líder nesse campo de batalha. Se o planejamento estratégico não partir de você, não existirá e, dificilmente, será possível identificar oportunidades de o seu negócio crescer. Não erre considerando que sua empresa é pequena e não precisa disso ou agindo como se seu negócio fosse algo informal. O líder é o guia que faz com que o tripé para o crescimento aconteça. Tudo depende de você.

O líder é o guia que faz com que o tripé para o crescimento aconteça.

@filipecolombo

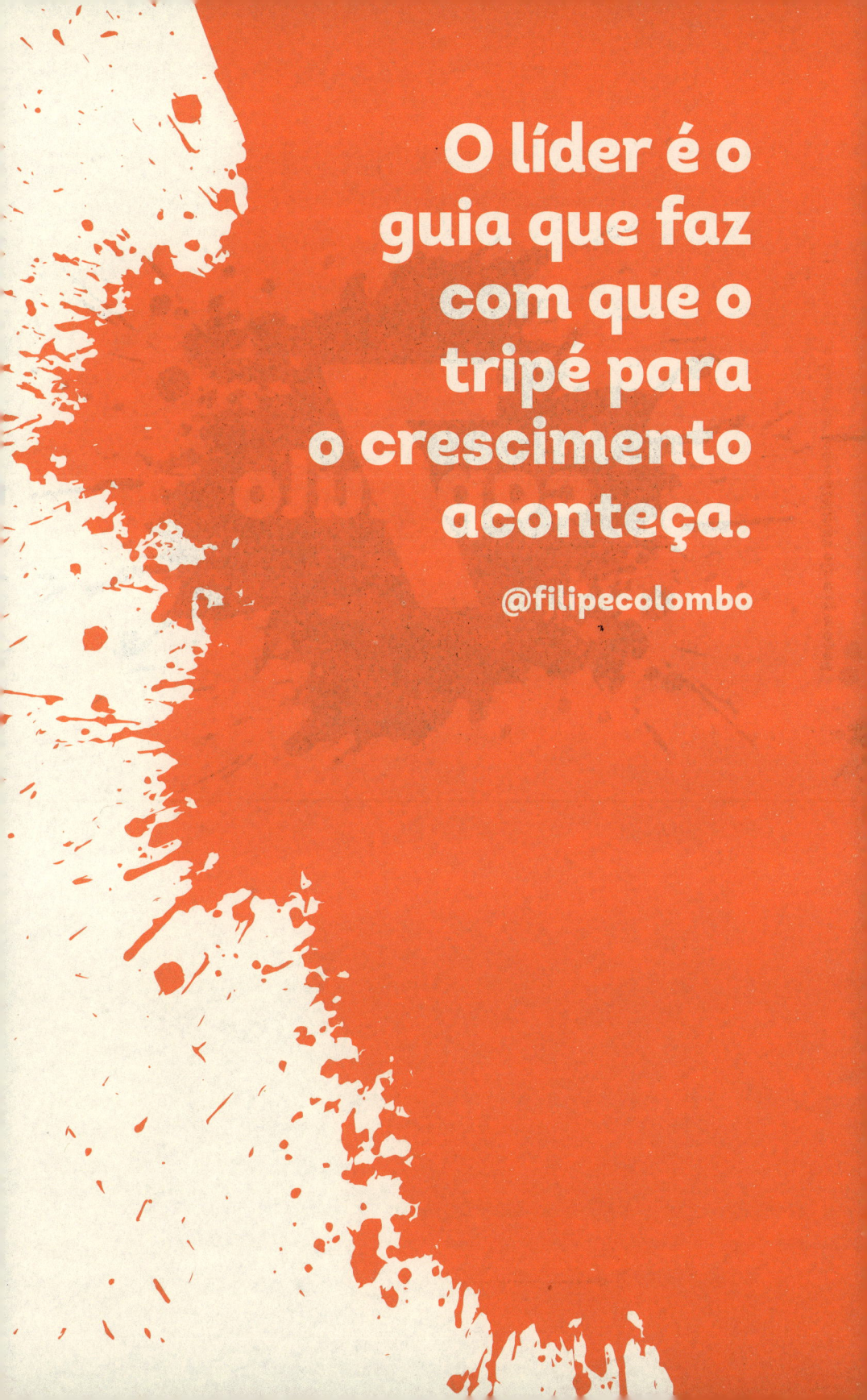

capítulo 7

VENDAS: A LOCOMOTIVA QUE PUXA TODA A ORGANIZAÇÃO

Se olharmos a economia, o papel do vendedor – ou negociador – é uma das atividades mais importantes do mercado. <u>Uma empresa sem vendas quebra!</u> Imagine uma empresa que tem um parque fabril de alta tecnologia, produtos de alto desempenho, uma marca em que os clientes confiam, comunicação visual bem-feita e… não tem vendedor. É claro que está fadada ao fracasso.

Assim, trago a vocês, leitores, o primeiro pilar do método que posicionou a Anjo Tintas como uma das maiores empresas do setor.

Para mim, o espírito vendedor está dentro de todas as pessoas. Veja bem, em nossa vida, negociamos praticamente o tempo todo. Negociamos com nossos pais, irmãos, filhos, empregados, amigos, cônjuges, clientes e fornecedores. Mesmo assim, por muito tempo, a sociedade considerou a profissão de vendedor como algo provisório, enquanto não se encontrava um emprego melhor. Consequência disso é que esse profissional ainda é visto, por muitas pessoas, como o chato, o manipulador, aquele que só quer "empurrar" um produto a você. Mas essa visão vem mudando, pelo menos dentro das empresas. Hoje, não se admite mais o antigo "tirador de pedido". O vendedor atual é o profissional que faz relacionamento, cria oportunidades de negócio e é capacitado para oferecer as melhores soluções para as dores do cliente.

Ele sabe que as pessoas não querem apenas comprar produtos, mas soluções para realizar algum desejo.[35] Resolver algum problema, alguma dor (como é comum falar hoje no mercado) ou suprir uma necessidade.

Diante disso, um empresário precisa construir uma equipe comercial forte para que ela seja a locomotiva que puxa toda a organização. O vendedor é um representante da empresa, um ponto de contato, comunicação e fortalecimento. É na hora da venda que o cliente cria vínculos com a marca e decide se permanece fiel ou não. Além disso, a área de vendas é a porta de entrada de receita. Investir mais em seleção, capacitação, motivação e desenvolvimento de equipe é fundamental.[36]

Na Anjo Tintas, entendemos que a presença do vendedor é essencial para qualquer negócio. Também sabemos que esse personagem tem um enorme poder de persuasão guardado dentro de si que precisa ser treinado e exercido para que possa ser aprimorado no dia a dia; afinal, não existe excelência sem treinamento. Na Anjo, a equipe tem a oportunidade de aprender o tempo todo. Realizamos treinamentos on-line, presenciais e ainda uma convenção de vendas, em que a equipe se reúne por quatro dias e passa por uma espécie de curso intensivo de capacitação e relacionamentos. Não enxergamos outra maneira para ter colaboradores engajados com nossos produtos e nossos valores se não os treinarmos.

Por isso, dou uma dica a você, vendedor: busque aperfeiçoamento todos os dias e tenha foco. Estabeleça objetivos claros e trabalhe com grande

---

[35] GHIURGHI, F. Como lidar com o preconceito que ainda há na profissão de vendas. **Ata News**, 16 out. 2019. Disponível em: https://atanews.com.br/noticia/23010/como-lidar-com-o-preconceito-que-ainda-ha-na-profissao-de-vendas. Acesso em: 12 jan. 2021.

[36] COELHO, F. Qual a importância do departamento de vendas? **Administradores.com**, 20 maio 2015. Disponível em: https://administradores.com.br/artigos/faculdade-de-vendas-qual-a-importancia-do-departamento-de-vendas. Acesso em: 12 jan. 2021.

intensidade. Tenha atitude! Como diz um amigo meu, foco no foco! Ter foco o conduz a grandes resultados. Concentre-se no resultado, pois no fim do dia, sem isso, a empresa morre.

Pense como um atleta de alto desempenho. Ele se prepara de forma intensa durante quatro anos para chegar às Olimpíadas. Mas, antes de chegar lá, treina exaustivamente todos os dias, abre mão da vida social, de tomar uma cervejinha com os amigos no fim de semana ou de fazer um *happy hour*. Participa de muitas competições (ganha algumas e perde outras, mas segue adiante), tudo isso para conseguir tempo e índice classificatório e ter a oportunidade de conquistar o tão sonhado ouro em sua categoria. Porém, somente alguns conseguem; outros, não. Por quê? Eu respondo: dedicação em atingir o foco!

A obstinação em atingir um objetivo, ligado à disciplina de treinar diariamente mirando o foco, é o que faz com que você consiga alcançar resultados acima da média. Não busque ser o melhor hoje, mas, sim, dar seu melhor e evoluir um pouco todos os dias. Como diz o escritor Joel Jota, o sucesso é treinável.[37] Quanto mais você treina, capacita-se e se dedica, mais aprende a construir seu sucesso. Concordo com o lendário samurai Miyamoto Musashi, autor do fabuloso *O livro dos cinco anéis* – que, apesar de tratar de artes marciais, virou referência na área de negócios e marketing –, quando diz: "Entre a força e a técnica, vence a técnica. Se a força e a técnica forem iguais, vence o espírito".[38]

Mesmo com o crescimento do *e-commerce*, ferramenta que ajuda bastante a elevar o volume de vendas, ter contato cara a cara com o cliente é

---

37 JOTA, J. **O sucesso é treinável**: como a disciplina e a alta performance podem revolucionar todas as áreas de sua vida: carreira, saúde, finanças, relacionamentos e desenvolvimento pessoal. São Paulo: Gente, 2020.

38 20 ENSINAMENTOS de Miyamoto Musashi (O Livro dos Cinco Anéis). **Japão em Foco**, 15 jan. 2019. Disponível em: https://www.japaoemfoco.com/20-ensinamentos-de-miyamoto-musashi-o-livro-dos-cinco-aneis/. Acesso em: 12 jan. 2021.

imprescindível. Isso gera confiança, pessoalidade, empatia, afinidade e fidelidade. Quando o vendedor visita um cliente pessoalmente, consegue descobrir as dores dele e propor soluções mais assertivas para solucionar esses problemas. Também descobre o que o mercado está pedindo e pode até determinar seus próximos lançamentos de olho nessas tendências.

SPIN Selling

Já falei que o vendedor não pode ser um tirador de pedidos. Tem que ser parceiro do cliente e trazer soluções para seu negócio. Para isso, é preciso entender a fundo suas necessidades. Algumas ferramentas podem ajudar a achar esse caminho. Uma delas é o *SPIN Selling*. Trata-se de uma metodologia criada nos anos 1980 por Neil Rackham que orienta sobre quais são as melhores perguntas a serem feitas em uma negociação para aumentar os índices de conversão em vendas.[39] Ela nasceu quando o criador percebeu que as empresas usavam a mesma estratégia de vendas, seja para negociações simples ou para as mais complexas. Para ele, isso não se confirma na realidade, pois cada cliente tem dores e necessidades diferentes, o que exige estratégias de fechamento de negócio igualmente diferentes.

Assim, a palavra SPIN é o acrônimo de:

Situação

Problema

Implicação

Necessidade

---

[39] RACKHAM, N. **Alcançando excelência em vendas**: SPIN Selling. São Paulo: M. Books, 2008.

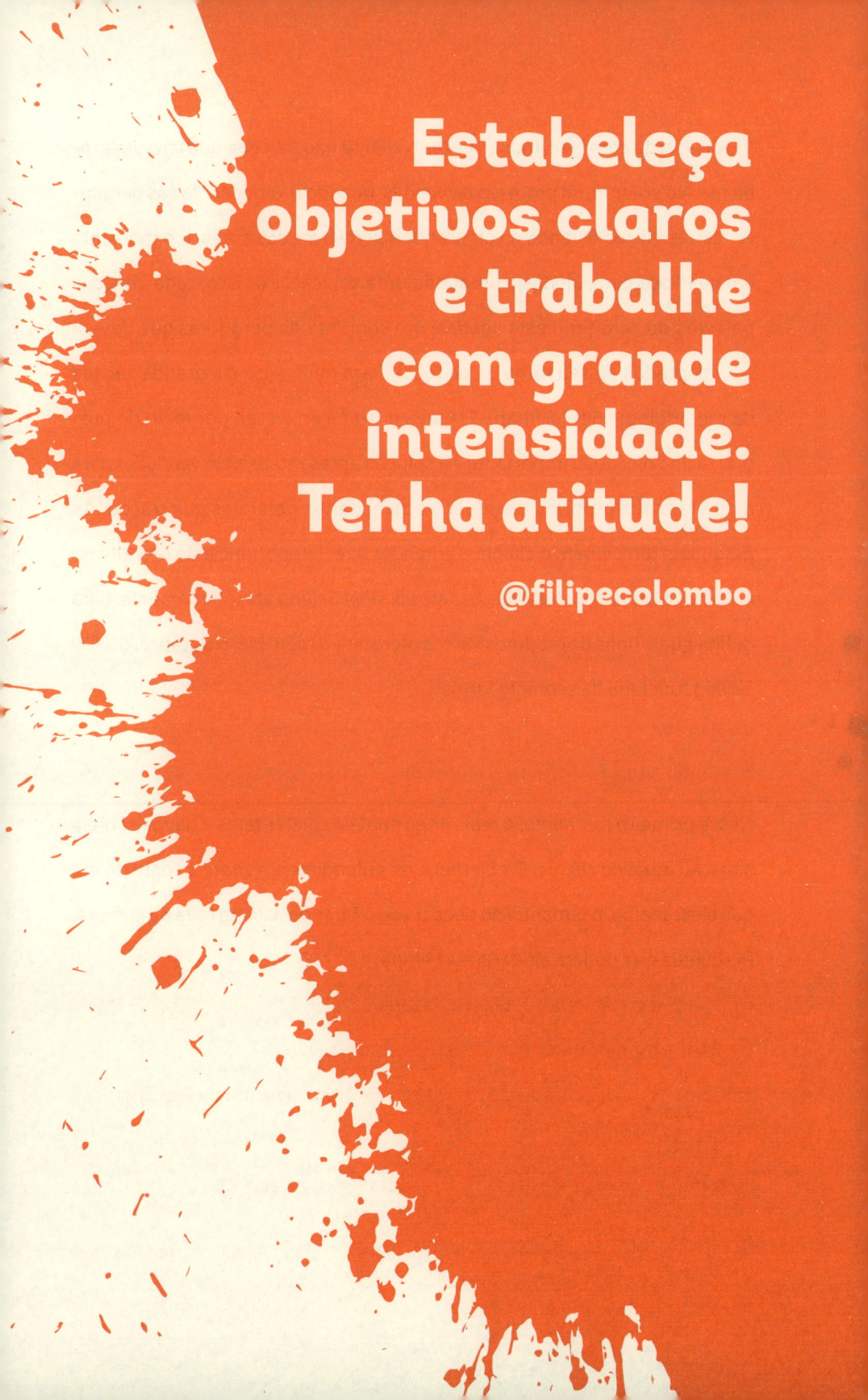

Estabeleça objetivos claros e trabalhe com grande intensidade. Tenha atitude!

@filipecolombo

De acordo com Neil, muitas vezes o cliente não percebe que tem um problema. No entanto, no processo de vendas, quando o vendedor faz as perguntas certas, acaba levando o comprador a perceber suas dores. É o momento em que você pode ajudá-lo propondo uma solução. Por isso, cada uma das palavras do acrônimo está ligada a um conjunto de perguntas que devem ser adaptadas ao seu ramo de negócio. Para mim, essa é a grande sacada da metodologia de Rackham. Ela leva o *lead* a enxergar, por meio do próprio raciocínio, quão importante é a solução apresentada pelo vendedor para melhorar seus próprios resultados e alcançar os objetivos que traçou. As perguntas direcionam o cliente a entender a real importância do produto ou do serviço oferecido. Na Anjo, usamos o *SPIN Selling* até internamente, para definir quais tipos de produtos vamos oferecer ao mercado. Na prática, o *SPIN Selling* funciona da seguinte forma:

1. SITUAÇÃO (S)

Nesse primeiro momento, o mais importante é coletar fatos e dados sobre a situação atual do cliente. O objetivo é ter entendimento sobre o contexto em que ele trabalha, o tamanho do negócio ou o fator decisor na hora da compra. Perguntas que podem ajudar nessa etapa:

- Qual é a situação atual do seu negócio?
- Onde e como você divulga seus produtos/serviços?
- Como prospecta novos clientes? Como entrega oportunidades de vendas para sua equipe?
- Como se relaciona com seus *prospects*[40] e clientes?

---

[40] Contato em fase de decisão de compra dos produtos e/ou serviços de uma empresa. Está muito próximo de se tornar cliente. (N.E.)

- Quais são os indicadores de desempenho que você utiliza?
- Qual é o processo de vendas que utiliza hoje?

2. PROBLEMA (P)

Agora que você entende a situação da empresa do seu cliente, pode se estender nas questões para identificar quais são os problemas, as dificuldades e as insatisfações. Encoraje seu *prospect* a identificar um problema que talvez ele ainda não tenha percebido. Identifique qual é a dor dele e deixe-o falar. Não o interrompa nem faça juízos de valor do que escutar. Após identificar os problemas maiores, foque os mais impactantes. Para isso, utilize as expressões: onde, como, quando, quem, com que frequência e o que acontece se/quando. Algumas perguntas relacionadas a essa métrica são:

- Quando esse processo é um problema?
- Como vocês agem quando esse problema surge?
- Se você fosse o diretor da empresa, o que faria para solucioná-lo?

3. IMPLICAÇÃO (I)

Esse momento é fundamental para ajudar o cliente a identificar quais serão as consequências e os impactos negativos no negócio dele caso não faça nada para contornar o problema identificado (lembre-se de que você já o ajudou a descobrir que tem um problema). Para auxiliá-lo nesse processo, traga exemplos de outras empresas que passaram pelo mesmo problema e não tomaram nenhuma atitude, assim ele perceberá a gravidade da situação. No momento em que o cliente perceber o impacto negativo decorrente da falta de solução e as consequências ao negócio, criará o senso de urgência para mudar e solucionar a dor. Algumas perguntas que você pode fazer:

- Você já pensou no impacto negativo ao seu negócio caso isso continue acontecendo?
- Qual será o impacto no seu time de vendas?
- Como você pretende resolver esse problema caso nossa negociação não evolua?

4. NECESSIDADE (N)

Essa é a última etapa. Aqui você deve fazer o cliente perceber quão valiosa é a sua solução para o negócio dele. Tente causar impacto positivo com sua solução. O segredo, nesse momento, é fazer o cliente perceber os benefícios da sua solução, sem que isso precise ser apresentado explicitamente a ele. Como? Incentive-o a imaginar como seria se ele não tivesse o problema identificado ou, então, aonde poderia chegar. Peça-lhe que imagine e explique isso a ele. Aqui estão algumas perguntas para a última etapa:

- Você acredita que há espaço para melhorar esse processo?
- Como acredita que seria esse novo modelo na sua empresa?
- O que aconteceria se conseguíssemos aumentar suas vendas em 25%?
- Ficou claro que é possível melhorar o resultado e aumentar suas vendas?

Ao fim dessa conversa, você pode começar com uma frase do tipo: "Já tivemos clientes com problemas iguais ao seu e conseguimos solucioná-los". E apresente a ele as alternativas para ajudá-lo. Ao se posicionar dessa forma, o vendedor se tornará referência para o cliente, que perceberá como esse profissional poderá auxiliá-lo na tomada de decisão. A probabilidade de ele se tornar um cliente fiel cresce enormemente.

Sei que pode parecer um pouco complicado implementar essa metodologia, porém asseguro que, com o tempo, se tornará mais fácil e virará uma rotina. Você nem perceberá que está fazendo. Mas insisto: se sua empresa não usa essa metodologia, está na hora de colocá-la em ação!

Follow-up

A ação de um vendedor, porém, não se limita a fechar um negócio. Há uma parte importante do seu trabalho: o follow-up (do inglês, manutenção do contato). Ou seja, é o acompanhamento da venda realizada pelo vendedor. Ele se mostra ainda mais importante no mercado B2B e nas vendas B2C mais complexas, cujo fechamento é difícil em apenas uma conversa. Nesses casos, os processos costumam ser mais extensos e exigem disciplina maior do vendedor com os retornos ao cliente. No livro *Bora vender*, de Alfredo Soares, o autor afirma que os melhores contatos são aqueles que você resgata no follow-up. Por isso, é preciso ter essa rotina sistematizada. Para ele, quanto antes o *lead* for contatado, melhor.[41]

Para entender como funciona na prática – e qual é a sua importância –, imagine a seguinte situação da vida cotidiana: você conheceu uma pessoa interessante e está trocando mensagens com ela há meses. Finalmente, decidem se encontrar. O encontro é fantástico, e dá tudo certo. Ambos gostaram do tempo que passaram juntos. No fim da noite, acontece o momento mais esperado: o beijo. Vocês fecharam o negócio. No dia seguinte, você tem duas opções: a primeira é ligar ou mandar um e-mail para a pessoa, bater um papo,

---

[41] SOARES, A. **Bora vender**: a melhor estratégia é a atitude. São Paulo: Gente, 2019.

estreitar a relação para marcar um novo encontro; a segunda, é nunca mais falar com a pessoa.

Se quiser repetir a dose, você escolherá a opção 1. Ou seja, fazer o follow-up. Pode investir nessa relação com alguém que já conhece e estreitar os laços. Ou decidir pela opção 2 e começar tudo do zero com outra pessoa.

Agora, imagine uma situação dessas aplicada ao seu negócio. Você fica meses tentando marcar uma reunião e achar uma brecha na agenda do cliente para ser atendido. Quando consegue uma oportunidade, vai até lá, aplica o *SPIN Selling*, o cliente fica encantado e fecha negócio com sua empresa. Isso é sensacional. Mas depois, em vez de continuar esse contato e tentar fechar um novo contrato ou pedido, você o esquece e simplesmente parte para um novo negócio.

Apesar de errado, esse comportamento é comum no mercado, em que 48% dos vendedores não fazem follow-up.[42] Segundo o estudo Melhores Práticas para o Gerenciamento de *Leads*, publicado pela *Harvard Business Review*,[43] 77% dos clientes nunca receberam uma ligação telefônica de follow-up. Mas veja só como essa atitude tende a diminuir muito as chances de fazer negócio: um levantamento feito pela National Sales Executive Association mostrou que 80% das vendas são feitas entre o 5º e o 12º follow-up e que apenas 10% dos vendedores passam do 3º follow-up.[44] Na Anjo, é muito difícil (praticamente

---

[42] LEADS, leads, leads! Best practices infographic. **BDX**, 19 jun. 2014. Disponível em: https://thebdx.com/blog/leads-leads-leads-best-practices-infographic/. Acesso em: 12 jan. 2021.

[43] OLDROYD, J.; ELKINGTON, D. Best Practices for Lead Response Management. **InsideSales.com/Harvard Business Review**. Disponível em: https://www7.insidesales.com/file.aspx/infographic_LeadResponseMgmt_4_.pdf?bb=01020000016725E4-C&f=3981-63736-614A6A5BCF14&3981_rm_id=168.20648206.7&mkt_tok=eyJpIjoiTnpkbU5UQm1ZVE5p-TUdZeiIsInQiOiJNRktzZzFTMWkwenpHR1g3dmJEck4zMnlmNmg1dFlEWVhJZndudFlvSDcx-QmRmbkNqTk5YeXlKWTBWUGVrQTU1eHFRd3FOUlNVS2hhQ25CNE41WkdKdz09In0%3D. Acesso em: 12 jan. 2021.

[44] FAHERTY, M. Follow-up calls with prospect – when has a salesperson gone too far? **ProSales Connection**, 25 abr. 2017. Disponível em: https://www.prosalesconnection.com/blog/follow-up-calls-with-prospects-salesperson-gone-too-far. Acesso em: 12 jan. 2021.

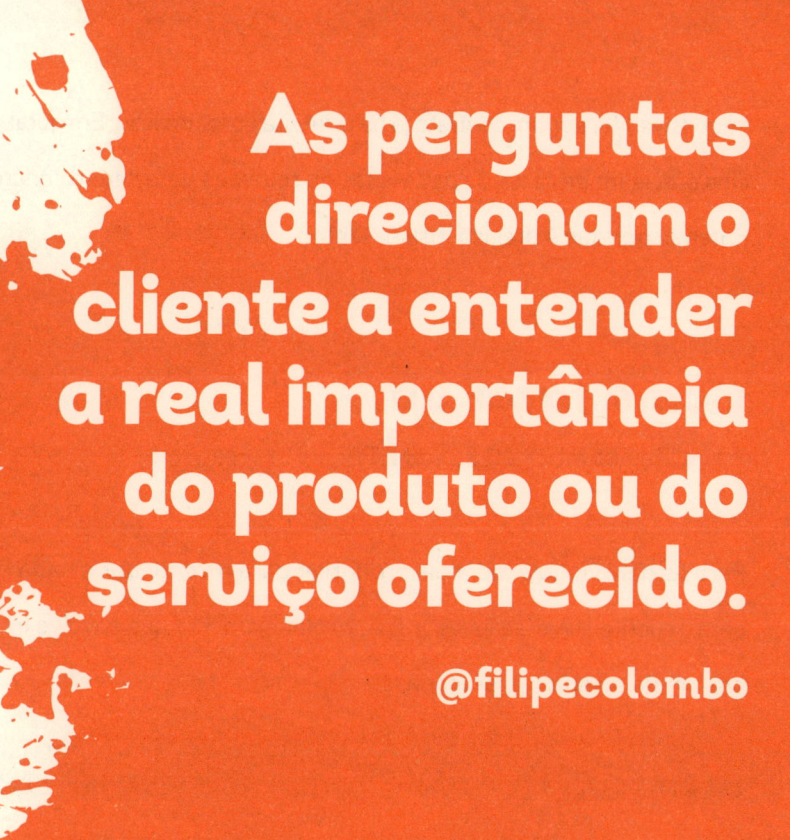

As perguntas direcionam o cliente a entender a real importância do produto ou do serviço oferecido.

@filipecolombo

impossível) fechar um contrato já na primeira aproximação. Em geral, os negócios precisam de cerca de dez visitas ou reuniões para serem concretizados. Entende por que é preciso insistir tanto?

Como fazer um follow-up inteligente

Para tornar o follow-up mais produtivo para o vendedor e nada cansativo para o cliente, deve-se investir em um planejamento que envolve três frentes: pré-venda, venda e pós-venda.

PRÉ-VENDA

As palavras-chave aqui são **planejamento** e **conhecimento**. Bons vendedores não entram em contato com um *prospect* sem ter o mínimo de informação sobre ele. Para que a abordagem seja eficiente e construtiva, os vendedores devem realizar uma pesquisa sobre o ramo de atividade do cliente e seus eventuais problemas. Assim, já podem pensar nos possíveis benefícios que o produto ou serviço poderá trazer a ele, tornando a abordagem inicial mais assertiva. Portanto, antes de visitar o futuro cliente, estude e incentive sua equipe a estudar o máximo possível sobre ele. Esse processo é fundamental.

VENDA

Nessa fase é que se define se a venda vai ser ou não realizada, e ela exige acompanhamento severo do vendedor. Sobretudo naquelas vendas mais extensas, que exigem acompanhamento mais eficaz e contínuo. Durante a negociação, por exemplo, é válido entrar em contato com o cliente para saber como anda a proposta comercial. Imagine que você tenha enviado um orçamento de um projeto grande e o cliente ainda não tenha dado nenhuma resposta. Vale enviar um e-mail ou ligar para lembrá-lo do assunto. Isso não significa ser insistente ou chato. Você pode perguntar se o e-mail foi recebido, se há dúvidas e se há alguma previsão de retorno. Supondo que o cliente tenha respondido que a previsão de aprovação do projeto seja em até trinta dias, você já sabe que não faz sentido entrar em contato novamente após uma semana do contato.

Você mesmo pode estipular esses prazos levando em consideração a média do **ciclo de vendas** do seu produto. O ciclo de vendas engloba as fases necessárias para vender um produto ou serviço e começa no primeiro contato do cliente com sua empresa, indo até o pós-venda. É quando reiniciamos o trabalho focando em novos *leads*, mas também apostando na recompra desse cliente. Para fazer a aproximação no momento certo, pense no período médio, em dias, em que o cliente fará a compra do seu produto novamente, por exemplo, trinta ou 45 dias. Dentro desse período, programe-se para entrar em contato com ele. De acordo com as especificidades de cada cliente, você pode flexibilizar o tempo para esse contato de retorno. **O importante é não deixar o cliente sozinho na tomada de decisão**. Muitas vezes, ele até quer adquirir seu produto, mas não teve tempo de entrar em contato, ou perdeu seu cartão, ou esqueceu seu primeiro (e único) e-mail na caixa de entrada. Aí, você acaba sendo esquecido.

E não se esqueça da gestão de relacionamento com o cliente (ou CRM, do inglês *Customer Relationship Management*). Nesse sistema de informações – que você pode fazer, inicialmente, por meio de uma planilha de Excel –, devem constar o cadastro do cliente, seus pedidos e outras informações pertinentes que ajudem a venda, inclusive as datas de follow-up realizados. Isso é muito importante, pois permitirá um acompanhamento sempre personalizado e assertivo.

PÓS-VENDA

Por muito tempo, essa fase não foi alvo de investimento nas empresas, mas agora é essencial para gerar satisfação e fidelizar clientes. Sabemos que investir em pós-venda é uma das melhores maneiras de fidelizar clientes e aumentar seus lucros consideravelmente. Fazer esse follow-up gasta menos tempo, menos energia e menos recursos.

Não acompanhar o cliente após a venda é como dizer: "Não me importo com você, só desejava vender". Um grande erro. Quando o vendedor faz o acompanhamento após a venda, o cliente se sente respeitado e passa a desenvolver uma relação de confiança. Isso é essencial para a construção de uma carteira de clientes e para que o cliente se torne um promotor da marca, indicando novos contatos.

Diferentes canais de vendas

Para trazer esse cliente para ainda mais perto da sua marca, invista em diferentes tipos de venda. A pluralidade de canais é importantíssima para que o cliente possa interagir com a empresa de modo mais rápido, conveniente e que melhor se encaixe às suas necessidades depois daquele contato presencial feito pelo vendedor. Hoje, o consumidor quer ser atendido na loja física, nas redes sociais, em aplicativos, no WhatsApp e também pelo *e-commerce*.

Mas vale lembrar que nenhum desses canais funciona sozinho; eles devem se complementar. As empresas não podem se dar ao luxo de ter somente um canal de vendas. Na visita, o vendedor também consegue identificar de que forma e por qual canal seu cliente gosta de ser atendido. E, se quiser se diferenciar, crie um novo canal de vendas. Se você faz apenas venda direta, crie um *e-commerce*. Se seu negócio é on-line, por exemplo, observe as necessidades do cliente e inclua a venda por WhatsApp ou por telefone. O importante é criar caminhos para que o cliente chegue até você. Isso o tornará ainda mais atraente aos *leads*.

Fortalecendo o relacionamento com o cliente

A essência de tudo que falamos neste capítulo está no marketing de relacionamento. Meu pai, lá nos anos 1980, mesmo sem saber, já investia nessa ferramenta, e ela ainda é muito importante para nós. Quase todos os nossos clientes são de longo prazo, e nos importamos muito com o sucesso deles no decorrer do tempo. Você também deve fortalecer esse braço da sua empresa. O relacionamento começa com o bom atendimento. Quando você aborda seu consumidor de maneira proativa e prestativa, a experiência e a impressão que ele tem da sua empresa e do seu produto tornam-se muito mais agradáveis. A empresa deve saber atender cada cliente de acordo com suas particularidades, ouvir suas necessidades; precisa ter clareza nas informações e ser prático, sem deixar que burocracias e protocolos tomem muito tempo da conversa, além de oferecer orientação competente.

Dessa mesma maneira, o cliente tem que ser atendido quando, por exemplo, precisar entrar em contato com a empresa por telefone ou por e-mail para solucionar um problema ou tirar uma dúvida. Não adianta o vendedor fazer um bom trabalho se a equipe interna não fizer o mesmo. Atender bem está relacionado a poupar esforços do cliente. Ser simpático (mesmo que seja por e-mail), chamar o cliente pelo nome e mostrar-se prestativo em resolver a necessidade dele rapidamente, sem aqueles redirecionamentos a outros departamentos, pode representar aumento nas vendas. Assim, ele terá a impressão de que todos os esforços foram reunidos para ajudá-lo.

No fim, a venda coroará seu trabalho. E o sucesso que tanto almeja aparecerá. Esse processo leva tempo; portanto, comece já a trabalhar fortemente esse pilar na sua empresa.

Agora que você já entende a importância das vendas na administração do seu negócio, está preparado para o segundo pilar do método de sucesso da Anjo: a gestão de pessoas. Venha comigo!

Atender bem está relacionado a poupar esforços do cliente.

@filipecolombo

capítulo 8

PESSOAS: O ELO FUNDAMENTAL DA CADEIA

Cada profissional é único. Cada profissional tem qualidades diferentes, ambições diferentes, crenças e atitudes diferentes diante das mesmas situações. Além disso, cada um escolhe a empresa em que quer trabalhar por razões próprias. Na Anjo, alguns estão conosco para ganhar dinheiro; outros, para aprender. Há aqueles que estão por status, outros porque a empresa é perto de casa, entre outros motivos. Cabe ao gestor saber lidar com esse conjunto de conhecimentos e interesses e extrair dali a melhor performance de cada um. O escritor estadunidense Simon Sinek diz que "100% dos clientes são pessoas. 100% dos empregados são pessoas. Se você não entende de pessoas, você não entende de negócios".[45] Concordo plenamente. Uma empresa é feita de pessoas. Sem esse ativo, ela não funciona; por isso a gestão de pessoas é o segundo pilar no nosso método de crescimento. Pensar nas pessoas, valorizar seu trabalho e tê-las ao seu lado, em um relacionamento de confiança, serve não só para a empresa que já existe, mas também para aquela que você ainda planeja abrir. Tenha isso em mente.

Não tenho dúvida de que na Anjo nossa equipe é um diferencial. Temos alto índice de profissionais que estão na empresa há longo tempo. De todos os

---

[45] SINEK, S. 100% of customers are people. 100% of employees are people. If you don't understand people, you don't understand business. 28 out. 2009. Twitter: simonsinek. Disponível em: https://twitter.com/simonsinek/status/5232157344. Acesso em: 12 jan. 2021.

colaboradores, 29% estão conosco há mais de cinco anos, 14,6% estão há mais de dez anos e 8%, há mais de quinze anos. Afinal, máquinas, equipamentos, pavilhões, galpões, caminhões, produtos e processos podem ser copiados. Pessoas não, jamais!

Daí a importância de valorizar sua equipe e aprender a lidar com o desafio de liderar com tantas diferenças. Não foi à toa que, na pesquisa Desafios dos Empreendedores Brasileiros,[46] realizada pela Endeavor, a gestão de pessoas foi a maior dor para todos os grupos de empreendedores. Para chegar a essa conclusão, os participantes foram orientados a dar notas, em uma escala de 1 a 10, a determinadas questões. Sendo 1 menos desafiante e 10 muito desafiante. Gestão de pessoas teve nota 6,7 entre os empreendedores gerais.[47] Mas o desafio aumenta à medida que a empresa cresce. Entre os empreendedores de alto impacto,[48] a nota foi 7,4, e entre os de alta performance,[49] 7,1.

Na Anjo, sempre tivemos a preocupação de ter uma equipe conectada com a alma da empresa. Para fazer essa conexão, usamos a Filosofia Clínica, experiência de utilização terapêutica da Filosofia. O termo (em inglês, *Clinical Philosophy*) foi cunhado pelo psicólogo russo, radicado na Alemanha, Hilarion Petzold em 1971. No Brasil, foi sistematizada pelo filósofo gaúcho Lúcio Packter em 1989. Segundo ele, a Filosofia Clínica trabalha as questões da filosofia ocidental, mas direcionada às pessoas, propiciando melhoria

---

[46] DESAFIOS dos empreendedores brasileiros. **Endeavor**. Disponível em: https://d335luupgsy2.cloudfront.net/cms%2Ffiles%2F6588%2F1468617878pesquisa-102.pdf. Acesso em: 12 jan. 2021.

[47] Empreendedores à frente de empresas com crescimento em número de funcionários de até 40% no acumulado de três anos. Engloba a maioria dos empreendedores brasileiros. (N. E.)

[48] Empreendedores à frente das empresas com aumento médio de faturamento de 39% ao ano. (N. E.)

[49] Empreendedores à frente de empresas com crescimento em número de funcionários médio de 89% no acumulado de três anos. São as empresas que crescem aceleradamente. (N. E.)

existencial a elas.⁵⁰ Para isso, não são considerados conceitos de doença, tipologia e patologia, mas, sim, modos diferentes de existir e agir, ou seja, a história da pessoa. Daí que não fala em cura, mas em cuidados que ajudam a resolver as questões existenciais da pessoa no momento em que ela vive. Hoje, é compreendida como um método de processos terapêuticos altamente personalizados, desenvolvidos com base em e para cada sujeito atendido. Um dos núcleos da Filosofia Clínica é voltado para a área empresarial, chamado Filosofia Clínica nas Organizações. Ele usa a Filosofia aliada a teorias de Administração para entender e gerir as empresas com base em suas próprias características. E é esse modelo que utilizamos na Anjo Tintas.

O Beto, fundador da Anjo, é filósofo clínico e implementou essa técnica na empresa em 2006. Um dos benefícios do uso da Filosofia Clínica no ambiente corporativo é conhecer a estrutura do pensamento da empresa. "Isso significa entender o perfil que a organização tem e as diversas possibilidades que esse perfil sugere. A partir deste entendimento é formatado todo o trabalho do filósofo, desde ajustes de perfil da organização até reestruturação dos elementos estratégicos, como negócio, missão, visão e valores", explica Beto Colombo.⁵¹ O trabalho desse profissional não segue um script pronto e único para qualquer empresa. Ao ser contratado, ele colhe o histórico de vida dos colaboradores e elabora seus perfis. Com isso, chega ao perfil coletivo. Unindo o perfil do negócio ao do gestor e de sua equipe, consegue traçar um diagnóstico, mostrando o que precisa ser feito e os possíveis resultados, tanto em nível organizacional quanto individual.

---

50 FILOSOFIA Clínica: uma terapia alternativa. 2019. Vídeo (7min10s). UCSplay. Disponível em: https://ucsplay.ucs.br/video/filosofia-clinica-uma-terapia-alternativa/. Acesso em: 13 jan. 2021.
51 Beto Colombo, em entrevista concedida ao autor em 27 de novembro de 2020.

A partir daí, o filósofo clínico pode iniciar um trabalho individualizado de autoconhecimento e orientação pessoal e profissional com cada colaborador. Também pode, dependendo do diagnóstico ou do interesse da empresa, atuar em outras frentes, como em treinamentos para alinhamento da equipe, na contratação de novos colaboradores, na alteração de cargos dos colaboradores e até mesmo no desligamento. De acordo com Beto Colombo, a aplicação da Filosofia Clínica ao ambiente organizacional é uma mudança de cultura em que toda a equipe — do gestor aos profissionais de base — redireciona sua mentalidade para o entendimento das pessoas.

Na Anjo, a Filosofia Clínica nos ajuda em três frentes. A primeira é a contratação, permitindo-nos identificar profissionais que tenham valores alinhados à cultura da empresa. Assim, a contratação é mais assertiva. Nesse caso, o filósofo clínico participa de forma ativa das entrevistas dos candidatos, em conjunto com o setor de Recrutamento e Seleção, colaborando no processo e ajustando o filtro de entrada na empresa. A segunda frente é o treinamento dos colaboradores para alinhar a equipe como um todo.

Outra frente na qual a Filosofia Clínica nos ajuda fortemente é na retenção de talentos. Por meio dela, é possível entender melhor o perfil de cada profissional — lembra-se de que cada ser é único e de que devemos enxergá-lo dessa forma mesmo quando está em uma equipe? — e determinar se o setor em que trabalha é o ideal para ele. Quando identificamos qualquer quebra nesse processo, tentamos realocar o colaborador. Assim, proporcionamos uma experiência profissional melhor a ele. Também é possível usá-la em uma eventual promoção do colaborador e na terapia de líderes, para que cada um possa atingir seu potencial máximo e acelerar o crescimento do negócio. De acordo com Beto Colombo, esse trabalho proporciona ao profissional desenvolver um

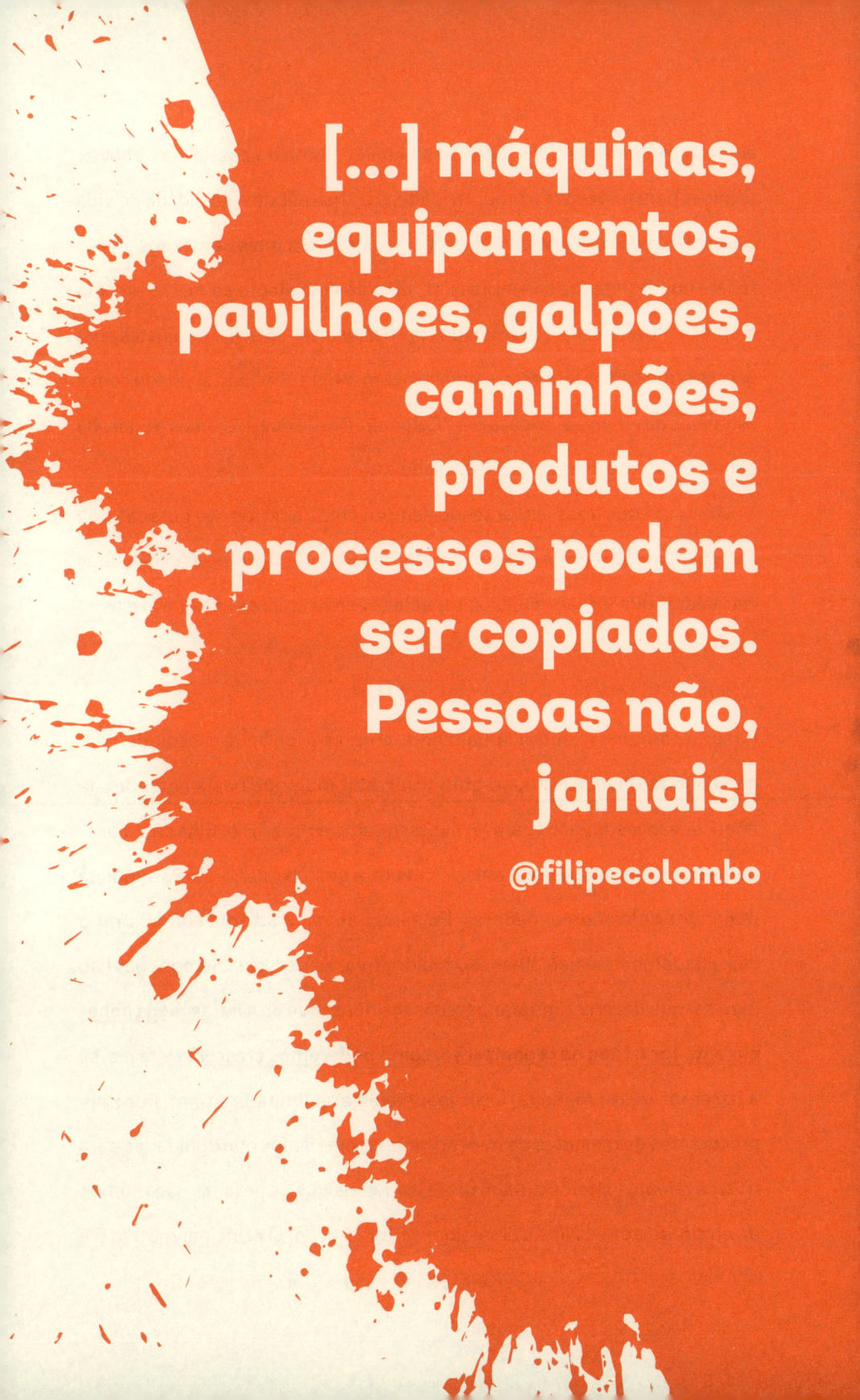

> [...] máquinas, equipamentos, pavilhões, galpões, caminhões, produtos e processos podem ser copiados. Pessoas não, jamais!
>
> @filipecolombo

autoconhecimento de seus potenciais e limites. Também possibilita trabalhar técnicas para aumentar a produtividade, mas mantendo a qualidade de vida e a melhora da resiliência.[52] Os profissionais ficam mais satisfeitos, e isso reflete nos resultados da empresa. "O filósofo está atento ao macro — como empresa — e ao micro — cada um dos profissionais —, fazendo os ajustes para garantir que cada parte esteja alinhada com o todo. E o todo alinhado com a estratégia da empresa", explica Beto Colombo. Desde que adotamos a Filosofia Clínica, nosso desempenho cresceu ano a ano.

Ao longo dos anos, e mantendo sempre olhos abertos nas pessoas que compõem nossa rede de colaboradores, conseguimos identificar ainda outras estratégias que tornam a equipe conectada com a empresa. Conheça elas:

CONHECIMENTO COMPARTILHADO

É muito comum encontrar, atualmente, empresários bem-sucedidos, com genialidade financeira muito grande, acreditando que basta entender de finanças e investimentos para ter sucesso como empresário. Olha só: na pesquisa da Endeavor que citei anteriormente, a gestão financeira é a segunda maior dor dos empreendedores. Portanto, de nada adianta administrar o caixa lindamente e não olhar seu maior ativo: as pessoas. Sempre ouvi do meu pai que deveria contratar pessoas melhores que eu. Ora, **se meu conhecimento for o topo da organização, como poderemos crescer?** Para ele, se agíssemos dessa maneira, a companhia estaria limitada a mim. Por isso, procuramos os melhores do mercado e também damos oportunidades para nossos talentos internos. Além disso, sabemos que as pessoas não mudam de emprego apenas atrás de melhor remuneração. O principal motivo é a

---

[52] Beto Colombo, em entrevista concedida ao autor em 27 de novembro de 2020.

falta de reconhecimento e de oportunidades de crescimento no emprego atual.[53] **Sempre acreditei que é melhor dar chances a pessoas talentosas e correr o risco de sofrer algumas decepções que não acreditar nelas**. O segredo para isso é capacitar e incentivar as pessoas certas obsessivamente.

O ERRO VIRA APRENDIZADO

Crie uma cultura de incentivo ao erro. Na maioria das vezes, por trás de um erro, há uma boa intenção. É claro que não estouramos champanhe ou fogos de artifício quando alguém da equipe erra, mas também não é certo punir a pessoa. No lugar de julgar o erro como algo negativo, analise-o com a equipe, para que sirva de suporte para decisões futuras. Uma equipe que não erra, das duas uma: ou não está inovando o suficiente ou não está se arriscando a melhorar. Claro que isso não é fácil de ser incorporado tanto pelo gestor (sim, entendo que é difícil aceitar o erro como algo positivo) quanto pelos colaboradores. A maioria das pessoas tem medo de errar, de falhar e sofrer punições. Afinal, cresceram ouvindo que o erro é inaceitável. Sempre foi bem frustrante para mim, como gestor, ver a imagem negativa que as pessoas têm sobre o fracasso. **Falhar é parte importante no caminho do sucesso.** Você tem que se sentir confortável para conseguir enxergar esse fracasso como uma grande lição. Com sua equipe, deve acontecer o mesmo. Ela precisa se sentir segura diante do erro para aprender com ele e evoluir nas áreas em que for necessário. Entenda: o fracasso é um excelente professor.

A maioria das pessoas de sucesso falhou. Inclusive, muito mais que acertou. Mas usou esses momentos como lições, assim como os ensinamentos e a

---

[53] PATI, C. As 8 principais razões para mudar de emprego. **Exame**, 20 jun. 2014. Disponível em: https://exame.com/carreira/as-8-principais-razoes-para-mudar-de-emprego/. Acesso em: 12 jan. 2021.

energia, para dar a volta por cima e chegar à próxima fase da conquista – ou do próximo fracasso – que o levará ao sucesso um dia. Isso se chama resiliência. Aposte nisso. Viva no limite de suas capacidades, em que você tem quase certeza de que vai fracassar. É por isso que existe o treino. Treinar é aprender a controlar o fracasso. Você chega ao limite repetidas vezes e percebe o que pode ou não fazer. E, assim, também superar.

PROFISSIONAIS CAPACITADOS

Vale investir, constantemente, na capacitação do profissional. Uma equipe forte e bem desenvolvida está preparada para ter autonomia para resolver problemas que possam surgir no dia a dia. Ainda há gestores que acham isso uma grande perda de tempo e de dinheiro, pois acreditam que o profissional pode sair da companhia a qualquer momento e usará esse conhecimento em outra empresa. Mas essa é uma ideia ultrapassada. Há uma citação comumente atribuída a Henry Ford que diz que, pior que treinar um funcionário e ele sair, é não treiná-lo e ele ficar. Imagine só o prejuízo. Na Anjo, investimos em treinamentos para que os colaboradores conheçam por completo toda a empresa, os produtos e as funções que exercem. Para serem mais assertivos, os treinamentos são divididos por tipo (segurança, operacional, técnico, integração, administrativo, liderança, gestão da qualidade, entre outros). Os cursos são ministrados pelos próprios líderes e também por especialistas contratados. Outra forma de incentivar a capacitação do nosso profissional é pagando bolsas de estudos àqueles que desejam se especializar em alguma área que tenha relação com nosso negócio.

Capacitando seu colaborador, ele ficará mais motivado, conseguirá entregar mais resultados para a empresa e, portanto, contribuirá para o crescimento pessoal e de todo o sistema. Com o direcionamento e as ações corretas, é um circulo virtuoso para ambas as partes. Sua empresa pode investir na capacitação do colaborador treinando-o periodicamente. Veja bem: programe cursos que você mesmo pode dar ou opte pelos on-line. Há, hoje, uma infinidade deles, alguns até gratuitos. Basta garimpar.

O LÍDER É UM EXEMPLO

Um líder eficaz sabe conquistar o respeito da equipe por meio do exemplo, gerando influência não pela posição, mas pelas atitudes diárias. Esse posicionamento influencia toda a equipe. Para conquistar esse espaço, o líder precisa praticar o que fala. Não se esqueça de que ele é um espelho para a equipe. Não vale, por exemplo, fazer um discurso enfatizando a necessidade de todos estarem cedo no trabalho se você chega todos os dias perto da hora do almoço. Não adianta falar para todos valorizarem a cultura da empresa se você é o primeiro a deixar isso para trás quando acha conveniente. Existe uma frase bem popular, que costumo falar em minhas palestras: o conhecimento pode convencer, mas é o exemplo que arrasta. E pode acreditar que **ações e atitudes têm tração e são capazes de puxar todos na organização**. Ainda mais se forem as ações do líder principal do negócio, o CEO.

O que você fala e suas ações como gestor devem estar alinhados ou você perderá credibilidade, poder de persuasão, respeito e confiança. Acredito que o melhor meio de fazer com que uma equipe alcance melhores resultados é cumprindo o que foi acordado e inspirando como líder. A atitude do líder é o que o diferencia. E, se você ainda não é líder, mas quer ser no futuro, comece a agir como um agora mesmo e cuide para que seu exemplo seja o que quer que seus liderados pratiquem.

PAIXÃO PELA EMPRESA

Seu colaborador deve ter paixão não só pela profissão em si, mas também pela empresa em que atua. Na Anjo, essa ligação forte já começa na contratação. No processo seletivo da liderança, do qual participo ativamente, "vendo" ao máximo a empresa, mostrando sua cultura, a forma como trabalhamos e em que acreditamos. Assim, consigo sentir se a pessoa tem realmente sintonia com nossos valores e, ao mesmo tempo, se encanto o candidato. Ele precisa sentir conexão com aquele lugar no qual pode vir a trabalhar. Apesar de o processo seletivo da equipe operacional seguir o sistema tradicional, sendo comandado pelo departamento de Recrutamento e Seleção, esse encantamento pela empresa precisa existir desde o primeiro contato. Imagine como pode ser desgastante para a empresa e para os gestores atuar com um colaborador que só está ali porque não teve outra oportunidade? Essa admiração pelo lugar de trabalho deve partir da empresa. O colaborador tem que se identificar com os valores, se sentir valorizado e parte integrante do processo da organização desde esse primeiro contato.

EQUIPE CORRESPONSÁVEL PELOS RESULTADOS

Uma das maneiras que encontramos na Anjo para valorizar esse comprometimento da equipe foi a criação de um Programa de Participação nos Resultados (PPR), que se tornou nossa principal ferramenta de gestão. Por meio dele, os colaboradores fazem sugestões que melhoram os resultados da empresa. Pode ser uma fórmula nova para impulsionar as vendas, alguma técnica para aumentar a produtividade, uma ideia que permita reduzir os riscos, os custos ou a inadimplência, por exemplo. Se a sugestão for implementada e melhorar o número da empresa, de acordo com as metas e os indicadores preestabelecidos, todos

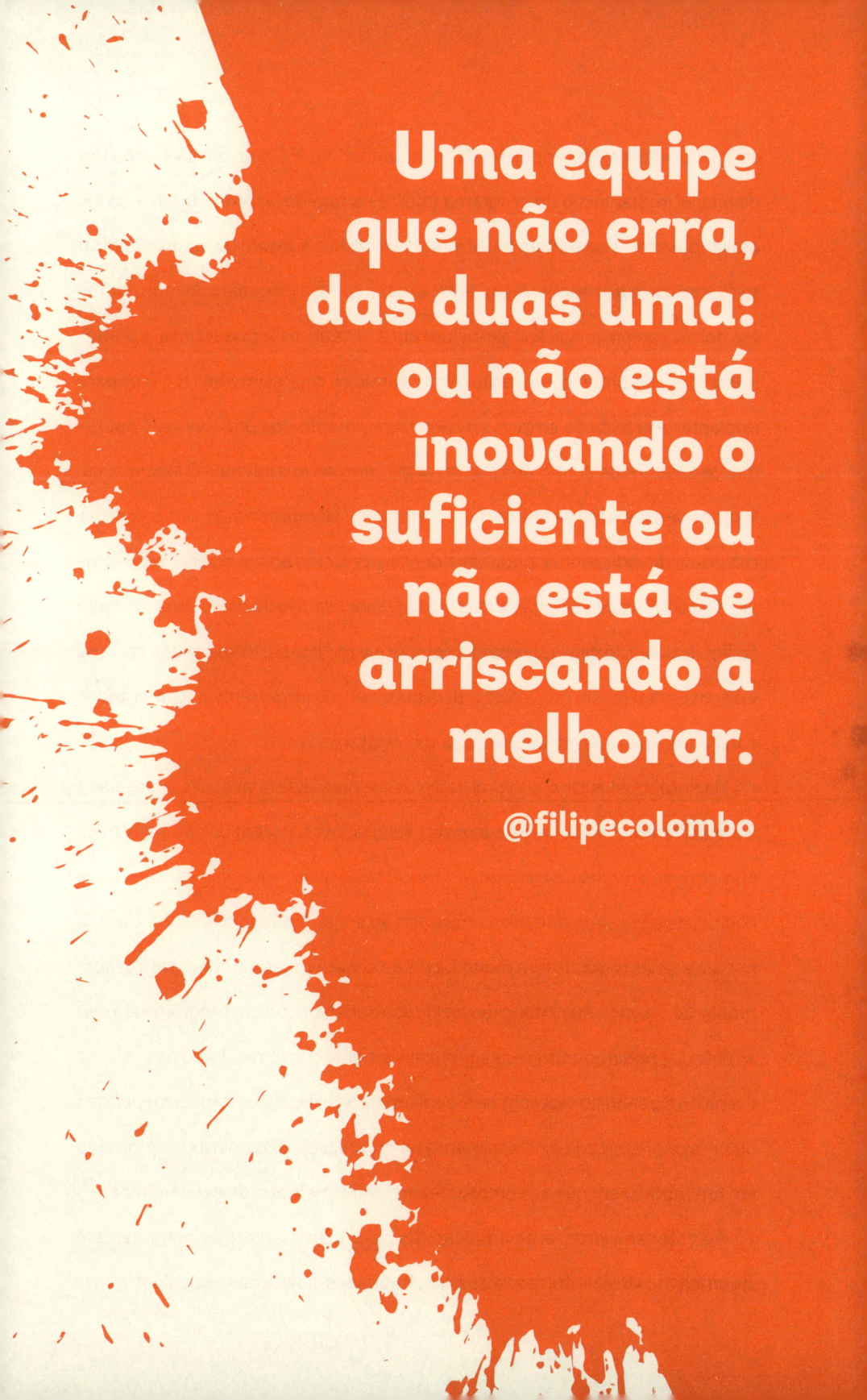

Uma equipe que não erra, das duas uma: ou não está inovando o suficiente ou não está se arriscando a melhorar.

@filipecolombo

os colaboradores têm a oportunidade de ganhar até 180% de um salário no fim do ano. A implantação do programa criou a cultura do "olho do dono" — todos os colaboradores se sentem participantes de todo o sucesso da empresa, como se fossem donos mesmo. Além disso, criou a cultura de gestão de indicadores em nossa equipe, propiciou ganho em aprendizado de forma teórica e prática muito forte. Os profissionais acabam buscando os conhecimentos teóricos para implantar a prática na empresa. O amadurecimento dos profissionais diretamente envolvidos com o programa foi perceptível em apenas alguns meses. Você pode criar algo parecido na sua empresa. Não precisa ser um programa complexo de indicadores, pode ser a divisão de lucros ao fim do ano, por exemplo, se a empresa ultrapassar determinado valor de lucratividade. Ou um prêmio ao fim de um ciclo de vendas para a equipe que melhor performar. Pode ser uma viagem para o grupo ou o sorteio de algum bem. O importante é manter todos engajados no propósito de melhorar os resultados.

Na hora de estruturar um programa desse nível e de criar esses indicadores e metas, lembre-se de que devem ser desafiadores, porém coerentes com os números da empresa. Se estipular metas muito altas, você vai desestimular a equipe, pois ela sabe que não conseguirá alcançar o objetivo final. Da mesma maneira, se as metas forem muito fáceis de ser atingidas, também será desestimulante. Ou seja, sua intenção vai por água abaixo. Crie um programa em que as pessoas poderão contribuir significativamente com o resultado da empresa e terão um benefício real com isso, seja um retorno financeiro após um período ou uma oportunidade de crescimento na organização. Isso gera compromisso em um modelo em que se comprometem com a melhoria de performance.

Ao colocar o programa em ação, torne-o transparente às equipes. Isso significa mantê-la informada dos resultados parciais. Você pode determinar um período de divulgação. Pode ser mensal, bimestral ou outro intervalo de tempo compatível com seu negócio. Só não deixe os colaboradores sem saber o que está acontecendo. A intenção é que o programa motive o funcionário; portanto, se ele não acompanhar o que está acontecendo, o programa perderá a finalidade.

ELO DE CONFIANÇA

Manter esses resultados abertos é importante para fortalecer a confiança da equipe na empresa. Construir essa relação de confiança é um processo longo, mas, quando alcançado, colabora imensamente para o crescimento da empresa. Isso porque o colaborador entenderá as decisões tomadas pelos gestores, sabendo que são as corretas e estão ligadas aos valores da empresa e, portanto, de todos que estão ali. Na Anjo, além de manter uma política de comunicação clara, objetiva e transparente, também fortalecemos essa confiança incentivando a liberdade para que os profissionais tenham autonomia para a tomada de decisão, opinem sobre os processos internos, questionem a validade de determinadas ações da empresa e até mesmo critiquem nossos produtos. Dessa forma, abrimos espaço para que possam compartilhar suas ideias com o líder e colaborar para a melhoria de todo o sistema.

PREPARE UM SUCESSOR

Você já viu aqui que, na Anjo, todo líder precisa preparar um sucessor para ocupar sua posição em caso de ausência – seja temporária ou definitiva. Uma única vez, quebrei essa regra e quase me dei mal (conto essa história no capítulo 10). Quando criamos um sucessor, estamos abrindo portas para nossos liderados, assim como caminho para o crescimento da empresa. A melhor maneira de ter esse profissional preparado é compartilhando seus conhecimentos e dando espaço para que ele tome decisões por conta própria. Sei que em toda organização há aqueles profissionais que não gostam de compartilhar o que sabem por pura insegurança. Mas saiba que, quando você ajuda um colega, se torna admirado por ele e é percebido pela alta gestão como alguém comprometido com o sucesso. E, se você é o dono da empresa, esse reconhecimento vem da própria equipe. Além disso, pense que nem sempre conseguirá estar presente 100% do tempo. Pode acontecer algum imprevisto e você tenha que se ausentar, daí que ter alguém que saiba tocar o barco ganha ainda mais importância.

MANTENHA A ENERGIA DA EQUIPE

Um estudo realizado pela consultoria empresarial Boston Consulting Group[54] mostrou que, mais que salários, o que mais motiva o profissional brasileiro é ser valorizado pelo trabalho que realiza, ter a oportunidade de aprender e de se desenvolver na carreira, manter bom equilíbrio entre vida pessoal e profissional e relacionamento amigável com colegas e superiores. O problema que vejo é que ainda há empresas que colocam na remuneração a principal razão de motivação da equipe. E a pesquisa mostra claramente que esse não é o caminho. Aliás, o lance do salário não aparece entre os dez itens apontados na pesquisa. Veja só: poucas pessoas gostam de fazer as mesmas tarefas todos os dias. Quando seu trabalho não tem nada de desafiador, a tendência é que você se sinta desmotivado. Grandes talentos precisam ter grandes projetos

---

[54] CARDOSO, T.; HYPÓLITO, H.; STRACK, R. *et al*. Understanding Brazil's workforce in a troubled time. **BCG**, 17 mar. 2016. Disponível em: https://www.bcg.com/pt-br/publications/2016/people-organization-human-resources-understanding-brazils-workforce-time-of-trouble. Acesso em: 12 jan. 2021.

para realizar. Caso contrário, essa energia será canalizada para outro local ou, ainda, para outra empresa. Você imagina perder um colaborador que quer trabalhar mais, que tem vontade de ajudar mais sua companhia, mas não tem estímulo para isso? Pessoas motivadas trabalham animadas com o que estão fazendo e sabem que estão investindo seu tempo em algo que realmente vale a pena. Por outro lado, o funcionário desmotivado não entrega bons resultados e vive desanimado. O ideal é não deixar que isso aconteça, e, para isso, invista constantemente para que ele se sinta motivado. Seja por meio dos desafios que citei, por um PPR, pela capacitação ou pelo incentivo para que ele estude mais, ou com algumas atitudes ainda mais simples, como:

- Escute seus profissionais ativamente: mostre que você tem interesse no que eles têm a dizer e lhes dê feedbacks constantes;
- Flexibilize dias de *home office*;
- Permita que eles tomem decisões e se sintam parte do processo;
- Crie, dentro da empresa, um espaço de lazer ou descanso;
- Promova eventos descontraídos fora da empresa, como um *happy hour*;
- Crie um plano de carreira;
- Crie um ambiente de trabalho saudável;
- Elogie-os e reconheça seus méritos.

Como você pode ver, mostrar o quanto sua equipe é valorizada é importante para sua própria empresa. Por isso, a gestão de pessoas faz parte do método que estou apresentando para você. Não se esqueça de que são as pessoas as responsáveis por fazer essa grande engrenagem chamada SUA EMPRESA funcionar. Não importa o tamanho da empresa, sempre é possível fazer mais pelo seu colaborador.

capítulo 9

FAÇA A GESTÃO DE KPIs

No dia a dia de uma empresa, existe uma série de informações por trás de toda a operação. São números que podem até passar despercebidos, mas quando avaliados medem a performance corporativa. Esses números são chamados de indicadores-chave, ou, do inglês, *Key Performance Indicators* (KPIs). Com base neles, é possível avaliar tendências, se o negócio está de acordo com os padrões desejados pelo empresário ou investidor e cumprindo objetivos e metas de longo prazo estabelecidos no planejamento estratégico. Sua importância é tanta que a gestão de KPIs é o terceiro pilar do método que fez a Anjo crescer exponencialmente nos últimos anos.

Mais que números, os KPIs são indícios claros que ajudam a levar a organização ao sucesso. Segundo Gart Capote, no livro *Guia para formação de analistas de processos*:

Indicadores-chave de desempenho dizem o que a organização precisa fazer para aumentar o desempenho consideravelmente. Deve representar um conjunto de medições que traduzam o desempenho corporativo necessário para o sucesso. [55]

---

[55] CAPOTE, G. **Guia para formação de analistas de processos**: gestão por processos de forma simples. 2. ed. Carolina do Sul (EUA): Createspace Independent Publishing Plataform, 2016.

Ao medir o progresso de sua empresa todos os dias, você pode reagir ao ver o início de tendências negativas e positivas e eliminar problemas imediatamente. Pode, ainda, redirecionar o foco e atribuir mais recursos a determinado departamento. Em outras palavras, o que você mede pode ser melhorado.[56]

Por gostar muito de gestão e estratégia, há algum tempo sou adepto da gestão de indicadores e monitoro muitos deles, desde indicadores de gestão de risco, indicadores contábeis, financeiros, de qualidade, de marketing, de vendas e outros. Analisando cada um deles individual e coletivamente, fica mais fácil identificar o caminho que a organização está tomando.

Além dos indicadores que monitoro, as equipes da Anjo têm os próprios indicadores, analisados por elas mesmas, e, mensalmente, os usam para decidir ações de melhoria da performance, sempre levando em consideração o que foi definido no planejamento estratégico. Não é raro ver na Anjo Tintas nossos líderes reunidos para discutir os resultados dos indicadores numa reunião rápida e objetiva.

Há uma infinidade de KPIs, e cada empresa deve avaliar quais são os que fazem mais sentido de serem mensurados e analisados periodicamente pela gestão, a fim de identificar o desempenho obtido e mostrar quais áreas devem ser acompanhadas para melhorar a performance. O foco pode ser o número de vendas de determinados produtos ao fim do dia, ou o número de alunos inscritos em um curso ao fim do mês, ou até o volume de fabricação de um produto, e assim por diante.

---

[56] CASSEL, R. Success doesn't happen by accident: how to keep score of KPIs at your company. **Forbes**, 10 set. 2020. Disponível em: https://www.forbes.com/sites/forbesbusinesscouncil/2020/09/10/success-doesnt-happen-by-accident-how-to-keep-score-of-kpis-at-your-company/#1e8955d43065. Acesso em: 12 jan. 2021.

Desse modo, para que você possa avaliar quais são os KPIs mais indicados para o seu negócio, é preciso fazer um estudo rigoroso do que é importante na avaliação para o crescimento. Afinal, de nada adianta monitorar um indicador que não tenha relevância e não vá contribuir com a sustentabilidade e a melhoria de performance da sua empresa. Se você tem uma academia, por exemplo, e sua meta é aumentar o número de alunos em 30% em um ano, então faz sentido analisar não só a inscrição de alunos semanalmente, mas também as aulas que eles mais frequentam, quantas vezes por semana vão à academia, quantas matrículas são canceladas por mês, e assim por diante.

Por outro lado, não adianta analisar quantas camisetas da academia são vendidas por semana se isso não é relevante e não aparece no seu planejamento. Então você pode me dizer: "Ah, Filipe, mas saber quantas camisetas vendi é importante, porque mostra que os alunos estão gostando de fazer parte dessa comunidade e mais conectados com a marca". OK, todos os números são importantes, e concordo com você. Aqui, a intenção não é deixar de contar quantas camisetas são vendidas, pois você precisa, sim, ter seu controle de estoque, mas, se esse número não for algo relevante para seu negócio, sugiro a você não o incluir em seu *dashboard*.[57] Logo, não contará como indicador de performance. Entendeu?

E, para ajudá-lo nessa empreitada, falaremos a seguir um pouco mais sobre essa ferramenta tão poderosa.

---

[57] Interface gráfica que funciona como painel de controle e oferece ao usuário visualizações rápidas dos principais indicadores de desempenho relevantes para o alcance dos objetivos da empresa.

Um grande placar

Em um primeiro momento, isso tudo pode parecer meio abstrato. Mas imagine os KPIs como um grande placar em que você acompanha os principais resultados de um jogo. A partir dali, consegue ver qual jogador está rendendo mais em campo, qual se movimenta mais, o esforço da equipe e, o principal, o resultado final. Agora, transfira isso para a sua empresa, seja ela pequena, média ou grande, e verá quão importantes esses números são. No filme *O homem que mudou o jogo*,[58] essa importância fica evidente. Ele conta a história de Billy Beane, interpretado por Brad Pitt, gerente-geral do time de beisebol do Oakland Athletics, e suas tentativas de criar um time competitivo para a temporada de 2002 da Liga Americana de Beisebol, apesar da situação financeira desfavorável da equipe. Para conseguir montar o time, cria um método baseado em estatística de dados. Ao contrário do que outros times faziam, que era avaliar o desempenho geral de um jogador por meio de sua performance em campo e o número de campeonatos que já havia conquistado, Beane usa números para avaliar a contratação de novos jogadores. Analisa, por exemplo, a porcentagem de vezes que determinado jogador chega à base, quantas corridas consegue fazer durante uma partida, e assim por diante. Com uma equipe muito mais barata que os outros times, o Oakland Athletics vence vinte jogos consecutivos, recorde na Liga. O filme mostra claramente a importância e relevância de analisar indicadores para a tomada de decisão.

Na escolha dos indicadores, pense que eles devem ter regras claras e simples e ser relevantes para seu negócio. Também não tente carregar todas essas análises nas costas. Você é gestor e deve saber delegar algumas funções.

---

[58] O HOMEM que mudou o jogo. Dir.: Bennett Miller (EUA, 2012, 73 min).

Assim, defina um "pai" do indicador. Essa pessoa será a responsável pelo monitoramento dos números e deve ter autonomia para tomar decisões necessárias para melhorar a performance dos indicadores. Caso esses indicadores sejam divulgados para toda a empresa, lembre-se de que a transparência dos números deve ser prioridade.

Esse monitoramento do desempenho é um dos principais papéis da gestão de KPIs. Na Anjo, realizamos reuniões mensais de, no máximo, uma hora de duração com os principais líderes formais e informais[59] da empresa, para mostrar o resultado dos indicadores e abrir para sugestões sobre como melhorar a performance. Após a reunião, divulgamos na intranet e nos quadros de comunicação os resultados obtidos e quanto cada um vai ganhar com isso por meio do PPR. Antigamente, todos os colaboradores participavam dessa reunião; entretanto, com o crescimento da empresa, ficou difícil acomodar todos na mesma sala. Assim, minha sugestão para você é: caso seja possível fazer a reunião de indicadores com todos da equipe para manter a transparência e reunir mais insights de melhoria, faça-o. Se não for possível, selecione um time específico para isso, assim como fazemos na Anjo.

A definição dos indicadores, porém, não significa que outros dados da organização devem ser desprezados. Isso porque a qualquer momento um novo indicador pode ser incluído na gestão. Se determinado produto começa a ser devolvido com frequência, por exemplo, esse indicador deve ser incluído no monitoramento. Dessa forma, a equipe terá subsídios para criar estratégias que resolvam o problema de devolução. Tão logo seja resolvido, esse KPI pode ser retirado do processo e substituído por outro. E assim sucessivamente

---

[59] Líderes informais são aqueles que não possuem cargos de liderança na Anjo Tintas, mas que, pela postura e pelo desempenho, acabam se tornando referência aos colegas de trabalho.

dentro da operação. Uma empresa é como um organismo vivo que funciona ininterruptamente, e, portanto, novas ações precisam ser tomadas todos os dias. Todo esse processo de gestão de KPIs deve ser dinâmico e avaliado comparativamente ao índice histórico da empresa, ou seja, os números dos anos anteriores e as projeções futuras.

Como calcular cada indicador

Cada indicador tem uma maneira própria de ser calculado e também uma periodicidade. Alguns são diários; outros, mensais, bimestrais, trimestrais, semestrais ou anuais. Você precisa avaliar o que faz mais sentido no seu negócio. Para que entenda melhor, vou explicar como trabalhar com os principais indicadores que existem. Claro que você não vai aplicar todos em seu negócio. Para uma empresa que está começando, sugiro focar em volume de vendas, NPS, *turnover*, porcentagem de custos fixos, EBITDA, lucratividade, ticket médio, número de clientes ativos e porcentagem de inadimplência. Vou explicar cada um deles a seguir, além de outros, também muito importantes. Um gestor precisa conhecer o maior número possivel de indicadores, assim ficará mais fácil implementá-los à medida que se tornem relevantes para sua empresa.

VOLUME DE VENDAS

É a soma dos bens ou serviços vendidos em determinado período. Esse número pode ser medido em unidades, em litros, em metros quadrados ou em qualquer outra unidade de medida que faça sentido para seu negócio. Se

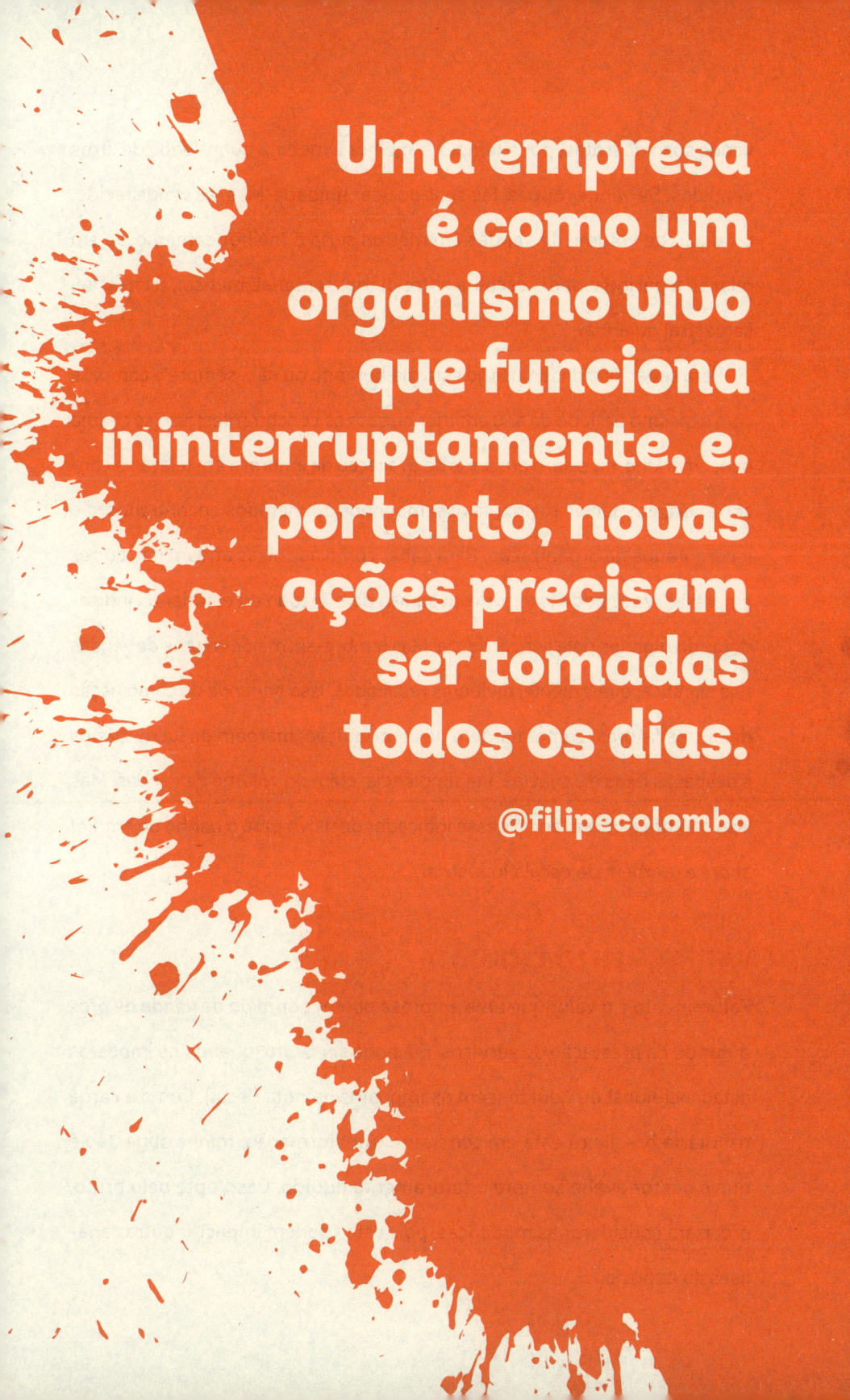

Uma empresa é como um organismo vivo que funciona ininterruptamente, e, portanto, novas ações precisam ser tomadas todos os dias.

@filipecolombo

vende suco de frutas, por exemplo, o melhor é medir a quantidade de litros vendidos. Se vende roupas, faz sentido usar unidade. Mas, se vende tecido, o cálculo de volume de vendas em metros seria o melhor caminho. Já em relação à periodicidade, escolha entre diária, semanal, mensal, trimestral, semestral ou anual.

Para saber se o desempenho está melhorando ou não, sempre o compare com o mesmo período do ano anterior ou com os concorrentes; isso se chama *benchmarking*, ou seja, o processo de avaliação da empresa em relação à concorrência, em que os melhores desempenhos ou métodos encontrados são incorporados na organização. Para saber como as coisas andam nas outras empresas, você pode fazer uma pesquisa de mercado ou estudar os indicadores divulgados pela concorrência. Mas lembre-se: maior volume de vendas não significa, diretamente, melhores resultados. Isso depende da combinação de outros fatores, como margem de contribuição, margem de lucro, custos e despesas fixas e variáveis, inadimplência, além do volume de vendas. Mas isso não tira a importância desse indicador decisivo para o ganho de *market share* e também de escala industrial.

FATURAMENTO LÍQUIDO

Faturamento é o valor que uma empresa obtém por meio da venda de produtos ou da prestação de serviços. Ele pode ser bruto (quando os impostos estão incluídos) ou líquido (sem os impostos na nota fiscal). Como a carga tributária brasileira está em constante transformação, minha sugestão é que o gestor avalie sempre o faturamento líquido. Caso opte pelo bruto, precisará considerar as mudanças, pois estas podem impactar outras análises do negócio.

NÚMERO DE CLIENTES ATIVOS

Nesse indicador, soma-se a quantidade de clientes que compraram seus produtos ou serviços em determinado período, que deve ser escolhido de acordo com as características de consumo do cliente ou do consumidor final. Ele mostra se a empresa está conquistando ou perdendo clientes ao longo do tempo. Na Anjo, consideramos clientes ativos todos aqueles que fizeram algum tipo de compra nos últimos seis meses.

PORCENTAGEM DE INADIMPLÊNCIA

Esse indicador mede o risco das contas a serem recebidas. Saber a porcentagem de clientes que estão devendo para a empresa é importante, porque se esse custo for muito relevante inviabiliza o negócio. Calcule-o da seguinte maneira:

> **INADIMPLÊNCIA =**
> valores vencidos e não recebidos há X dias /
> total faturado já vencido

Com o resultado em mãos, basta multiplicá-lo por 100 para achar a porcentagem (%).

A quantidade de dias dependerá novamente das características do seu negócio. Podem ser dez dias, um mês ou outro período ideal para controlar sua operação. Há empresas que precisam fazer esse controle toda semana, enquanto outras só o fazem uma vez por mês. Sugiro monitorá-lo semanalmente, ponderando um prazo de trinta dias de atraso para que o cliente seja considerado inadimplente.

CUSTO DE AQUISIÇÃO DE CLIENTE (CAC)

O CAC é o investimento em esforços diretos, como visitas, propaganda e outros meios para conquistar um cliente. Esse indicador, que pode ser medido mensalmente, ajuda na tomada de decisões estratégicas, a fim de otimizar os investimentos em marketing e vendas. Apesar de ser bastante usado em empresas tradicionais, esse indicador é mais conhecido e bastante utilizado em comércios eletrônicos. Portanto, se sua intenção é abrir uma empresa que venda on-line ou se quiser incrementar seus canais de venda com o *e-commerce*, o cálculo do CAC é fundamental.

A fórmula desse indicador é:

> **CAC =**
> (investimento em marketing + investimento em vendas) / número de novos clientes

Considere o investimento em marketing como valor investido em mídia paga, na realização de eventos, em relações públicas e tudo mais que você usa para divulgar ou expor seu produto e gerar mais vendas. Já como investimento em vendas, considere salários, comissões, até o uso do telefone, combustível, refeições, viagens e demais gastos realizados pela equipe de vendas para gerar novos clientes.

PRAZO MÉDIO DE RECEBIMENTO (PMR)

É o tempo que uma empresa leva para receber suas vendas. Claro que oferecer prazos e condições de pagamento para clientes é um argumento atrativo de vendas, mas essas decisões impactam de forma direta no fluxo de caixa e, consequentemente, na gestão financeira. Tenha em mente que, quanto menor for o prazo médio de recebimento, melhor será para seu fluxo de caixa.

Para calculá-lo:

> **PMR =**
> (prazos de recebimento de cada venda x valores a receber de cada venda) = total / valores totais dessas vendas

Veja a tabela a seguir:

CLIENTE	VALOR DA VENDA	PRAZO DE RECEBIMENTO	VALOR × PRAZO
Cliente A	R$ 10.000,00	30 dias	R$ 300.000,00
Cliente B	R$ 21.000,00	45 dias	R$ 945.000,00
Cliente C	R$ 34.000,00	60 dias	R$ 2.040.000,00
Cliente D	R$ 5.000,00	7 dias	R$ 35.000,00
Cliente E	R$ 50.000,00	21 dias	R$ 1.050.000,00
Total	**R$ 120.000,00**	**36,42 dias**	**R$ 4.370.000,00**

O valor pago por cliente foi multiplicado pelo prazo de recebimento de cada um. Em seguida, os valores foram somados, chegando a R$ 4.370.000,00. Esse total deve ser dividido pelo valor total de vendas (R$ 120.000,00). Daí encontra-se o resultado final: 36,42 dias. Esse é o prazo médio de recebimento.

CICLO FINANCEIRO

O ciclo financeiro mostra quantos dias, em média, a empresa precisou financiar suas operações, ou seja, é o tempo pelo qual ela precisou colocar dinheiro na operação até receber do cliente. Esse período começa já na compra da matéria-prima do fornecedor, passa pela produção, pela distribuição, pela venda e termina na coleta do pagamento dos produtos vendidos. Esse indicador, que deve ser medido mensalmente, proporciona ao empresário uma visão da gestão financeira em relação às entradas e saídas de recursos para manter o fluxo de caixa saudável. Para calculá-lo, use a seguinte fórmula, sempre em dias:

> **CICLO FINANCEIRO =**
> prazo médio de recebimento (PMR) + prazo médio de estocagem (PME) − prazo médio de pagamento (PMP)

O cálculo do prazo médio de recebimento (PMR), você já aprendeu. Para chegar ao prazo médio de estocagem (PME), deve dividir seu estoque médio (soma do estoque inicial com o estoque final dividido por dois) pelo custo da mercadoria (valor total dos produtos comercializados em determinado período) e multiplicar o total por 360, caso esteja determinando o período de apuração de um ano. Se a intenção é fazer o cálculo mensal, deverá multiplicar por trinta. Se for trimestral, por noventa, e assim por diante. O resultado se dá em dias.

Você também precisará descobrir o prazo médio de pagamento (PMP), ou seja, o tempo que a empresa leva entre comprar seus insumos e pagar os fornecedores. Para isso, divida o pagamento dos fornecedores pelo valor das compras efetuadas e multiplique pelo número de dias do período apurado, como explicamos anteriormente. Esses cálculos exigem muita atenção e levam tempo. Mas você pode colocar tudo em uma planilha eletrônica, já com as fórmulas prontas, o que facilita bastante o trabalho. Também existem softwares que ajudam a fazer esses cálculos.

Quando você aplica esses valores na fórmula apresentada, encontra seu ciclo financeiro. Quanto menor for esse ciclo, maior será o poder de negociação da empresa com os fornecedores, pois ela terá um caixa saudável e condições de fazer bons negócios. Qualquer ciclo financeiro maior que zero indica que a empresa tem custo de capital para financiar sua operação, ou seja, está usando o dinheiro que ainda nem recebeu dos clientes para pagar seus custos. Quando isso acontece, ela precisa buscar outras fontes de financiamento para manter sua operação. Pode ser negociando o aumento de prazo de pagamento dos fornecedores, ou reduzindo o estoque, ou até mesmo vendendo com menos prazo. Claro que é normal ter um ciclo financeiro elevado em algum momento. Mas esse período deve ser considerado exceção. Quando essa situação se prolonga ou acontece rotineiramente, a sobrevivência do seu negócio está em risco.

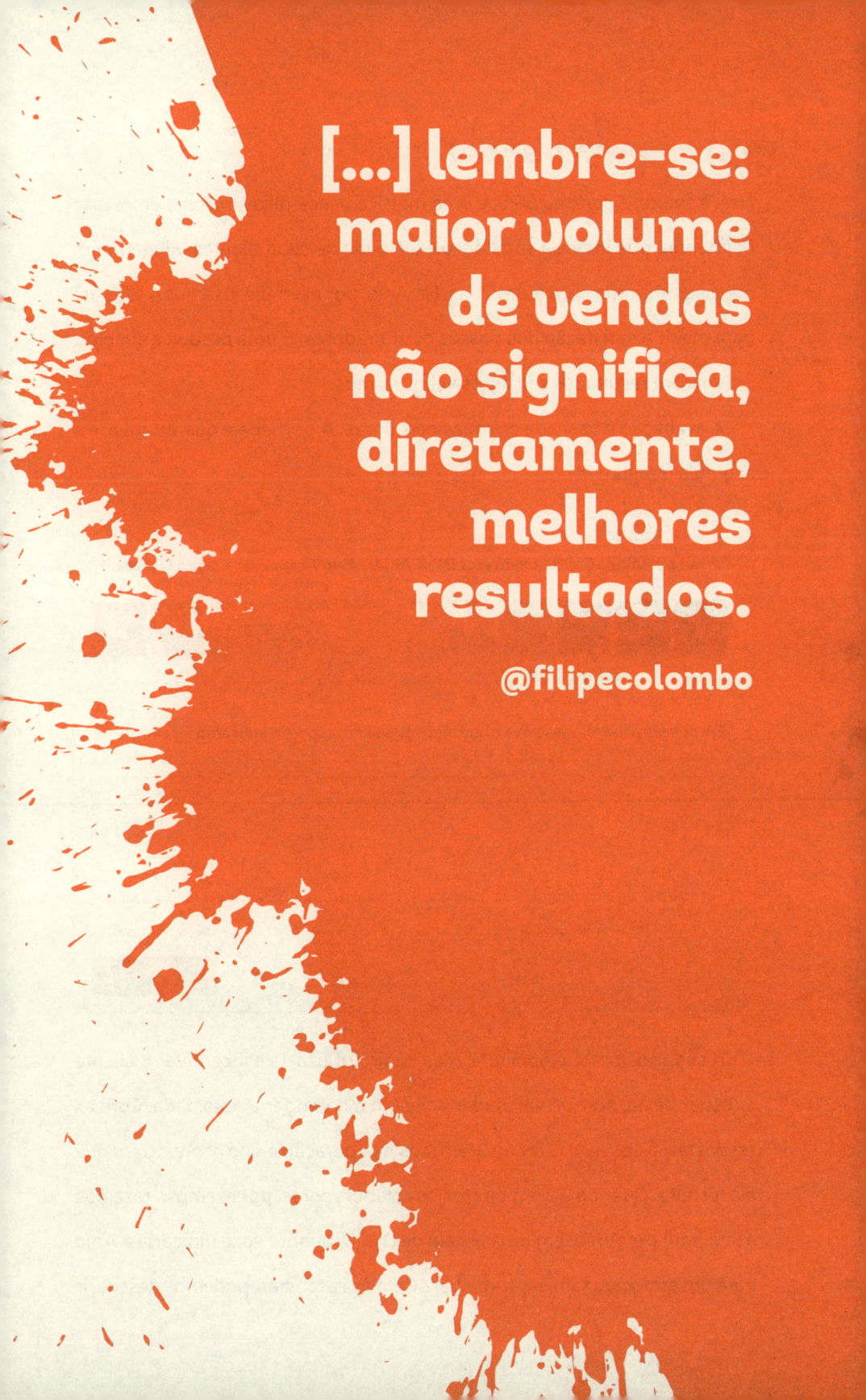

[...] lembre-se: maior volume de vendas não significa, diretamente, melhores resultados.

@filipecolombo

NET PROMOTER SCORE (NPS)

Net Promoter Score, ou NPS, é uma métrica usada pelas maiores empresas do mundo, que indica a satisfação e lealdade de seus clientes. Ela também pode ser utilizada para outros fins. Na Anjo, por exemplo, usamos o NPS até para medir a satisfação dos nossos colaboradores. É uma pesquisa simples, porém com resultados e insights valiosíssimos.

A avaliação é baseada em duas perguntas. A primeira é quantitativa, e a segunda qualitativa:

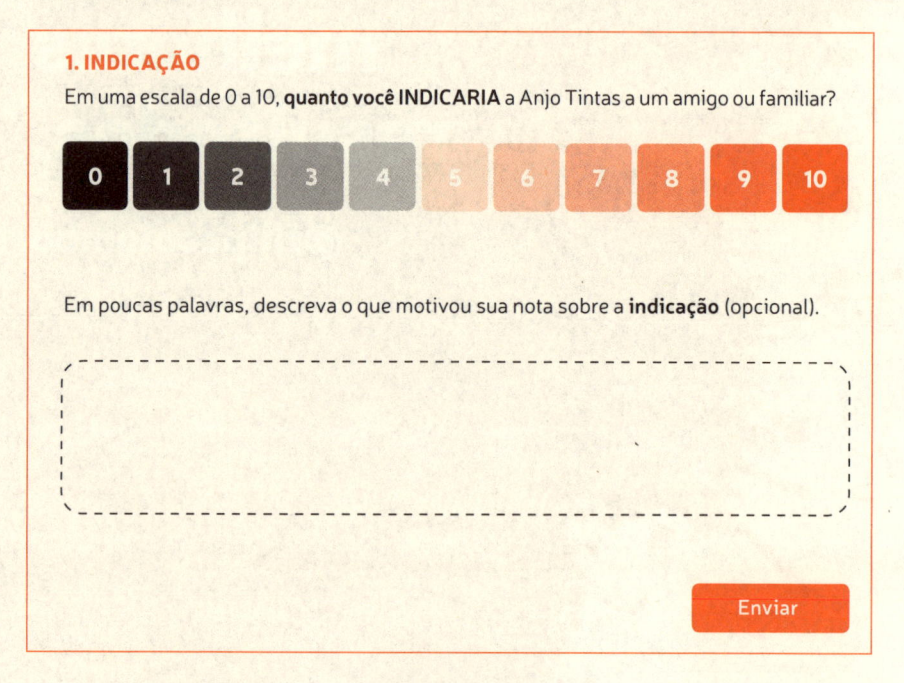

---

1. INDICAÇÃO
Em uma escala de 0 a 10, **quanto você INDICARIA** a Anjo Tintas a um amigo ou familiar?

| 0 | 1 | 2 | 3 | 4 | 5 | 6 | 7 | 8 | 9 | 10 |

Em poucas palavras, descreva o que motivou sua nota sobre a **indicação** (opcional).

[_____]

Enviar

A segunda parte é opcional. Mas sugiro utilizá-la e incentivar o cliente a respondê-la, porque vai ajudar a gestão a entender a nota dada. Com as respostas, é possível fazer ajustes finos na operação ou no contexto em que ela foi feita. Quando a usamos com os colaboradores, por exemplo, fazemos a seguinte pergunta: em uma escala de 0 a 10, quanto você indicaria a Anjo para um amigo ou familiar trabalhar? Com as respostas, podemos descobrir como os colaboradores enxergam a empresa e implementar melhorias para aumentar esse índice de satisfação. Para descobrir as melhorias ideais, usamos a segunda parte do questionário. As sugestões deles norteiam nossas decisões. Para calcular o NPS, use a seguinte fórmula:

NPS =
% clientes promotores − % clientes detratores

Com o resultado obtido na conta que apresentamos anteriormente, você pode definir quais são os tipos de clientes que possui ou, como no caso que expliquei antes, de colaboradores. O resultado indica o grau de satisfação por meio do *score* que vai de −100 (ruim) a 100 (excelente). Veja, a seguir, as notas e as classificações e divisões dos tipos de cliente:

NPS – TIPOS DE CLIENTES

0 - 6	7 - 8	9 - 10
CLIENTES DETRATORES	**CLIENTES NEUTROS**	**CLIENTES PROMOTORES**
Clientes totalmente insatisfeitos	Clientes satisfeitos, mas que podem ser atraídos facilmente pela concorrência	Clientes leais, que sempre serão clientes da empresa, não importa o que a concorrência apresente

Assim, com as notas em mãos, é possível classificar os clientes de acordo com as zonas às quais pertencem, utilizando a imagem a seguir:

NPS – TIPOS DE CLIENTES

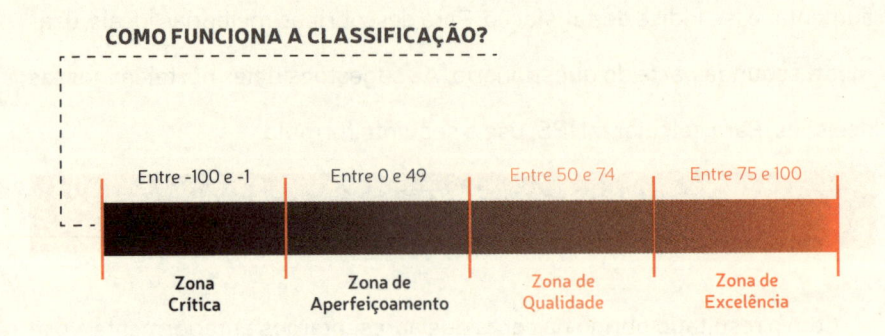

COMO FUNCIONA A CLASSIFICAÇÃO?

Entre -100 e -1	Entre 0 e 49	Entre 50 e 74	Entre 75 e 100
Zona Crítica	Zona de Aperfeiçoamento	Zona de Qualidade	Zona de Excelência

Essa pesquisa pode ser feita de forma eletrônica, por telefone ou por formulário – você escolhe como começar. O ideal é repeti-la com certa frequência. Na nossa empresa, cada público a ser pesquisado tem periodicidade diferente. Com os clientes, fazemos a cada seis meses. Com os fornecedores, a cada ano. Com os profissionais da Anjo, a cada seis meses. A definição dessa periodicidade depende muito da frequência de interação que você tem com o público a ser questionado e também da velocidade de implementação das ações para corrigir o rumo e **melhorar o resultado**.

Para saber mais sobre NPS, acesse o QR Code abaixo:

TICKET MÉDIO

É o valor médio gasto por cliente, por pedido. Também pode ser aglutinado durante determinado período, por exemplo, um mês, para identificar quanto a empresa fatura por cliente. Esse indicador avalia o desempenho do negócio e permite implementar mudanças para elevar as receitas da empresa, como focar itens de maior ou menor valor agregado ou como fazer vendas de outros itens que o cliente normalmente não compra para melhorar a performance e o resultado por consumidor. Os números ajudam a gestão a encontrar o melhor caminho. Ele pode ser calculado mensalmente ou de acordo com o período mais conveniente ao seu negócio.

Para calculá-lo, é preciso, primeiro, definir o número de dias da operação. Depois, use a seguinte fórmula:

> **TICKET MÉDIO POR CLIENTE =**
> faturamento total no período /
> número de clientes que compraram no mesmo período

PREÇO MÉDIO DE VENDA (PMV)

É o valor médio pelo qual a empresa vende seus produtos no mercado no momento da negociação. Ao calcular o PMV, o gestor descobre o preço médio geral que está praticando em todo seu portfólio, entendendo o posicionamento da marca no mercado e comparando-o com os concorrentes. Para calculá-lo, utilize a fórmula:

> **PMV =**
> valor vendido (em reais) durante determinado período /
> quantidade de unidades vendidas no mesmo período

Com o resultado em mãos, você conseguirá responder às perguntas a seguir:

- O preço está alto ou baixo?
- Está próximo do que os outros praticam?
- Está de acordo com o que os clientes esperam pagar pelo produto? [60]

Assim, você poderá mudar a estratégia da sua empresa para vender produtos mais nichados com preços mais altos ou partir para uma venda de grande escala com preços mais baixos e maiores quantidades.

---

[60] PREÇO médio de venda: um índice fundamental para avaliar o desempenho do seu negócio. **Trade Marketing Force**, 11 jul. 2018. Disponível em: https://www.trademarketingforce.com.br/2018/07/11/preco-medio-de-venda. Acesso em: 12 jan. 2021.

GIRO DE ESTOQUE

É o acompanhamento da quantidade de produtos no estoque de acordo com a frequência de vendas. Esse indicador, medido uma vez ao ano, auxilia na identificação do número de vezes que ocorre o giro de mercadorias e do tempo médio que os itens ficam parados. Quanto maior for o giro, melhor será para o caixa da empresa, que ficará menos tempo com o estoque parado, ou seja, sem vendas. Uma empresa que tem dois giros por ano, por exemplo, leva, em média, seis meses para vender seus produtos. Isso é um risco, pois, provavelmente, esse produto já foi pago ao fornecedor, e isso reduz sobremaneira o caixa operacional da empresa. Lembre-se de que estoque é dinheiro empregado e ainda não restituído à empresa. Acompanhá-lo permite gestão mais eficaz, com foco na redução de custos e menor necessidade de **capital de giro**.

Saiba mais sobre giro de estoque acessando os QR Codes abaixo:

Para calcular esse indicador, você precisa conhecer seu estoque médio mensal (soma do estoque inicial com o estoque final dividido por dois) e o número total de vendas durante um ano, e ele pode ser calculado em unidades (volume) ou em reais (R$). Com esses valores em mãos, basta dividi-lo:

GIRO DE ESTOQUE =
vendas totais / estoque médio

Veja um exemplo do cálculo em unidades:

- Estoque médio: 1.000 unidades ao mês
- Vendas totais: 8.000 unidades ao ano
- Cálculo: 8.000/1.000 = 8 giros ao ano

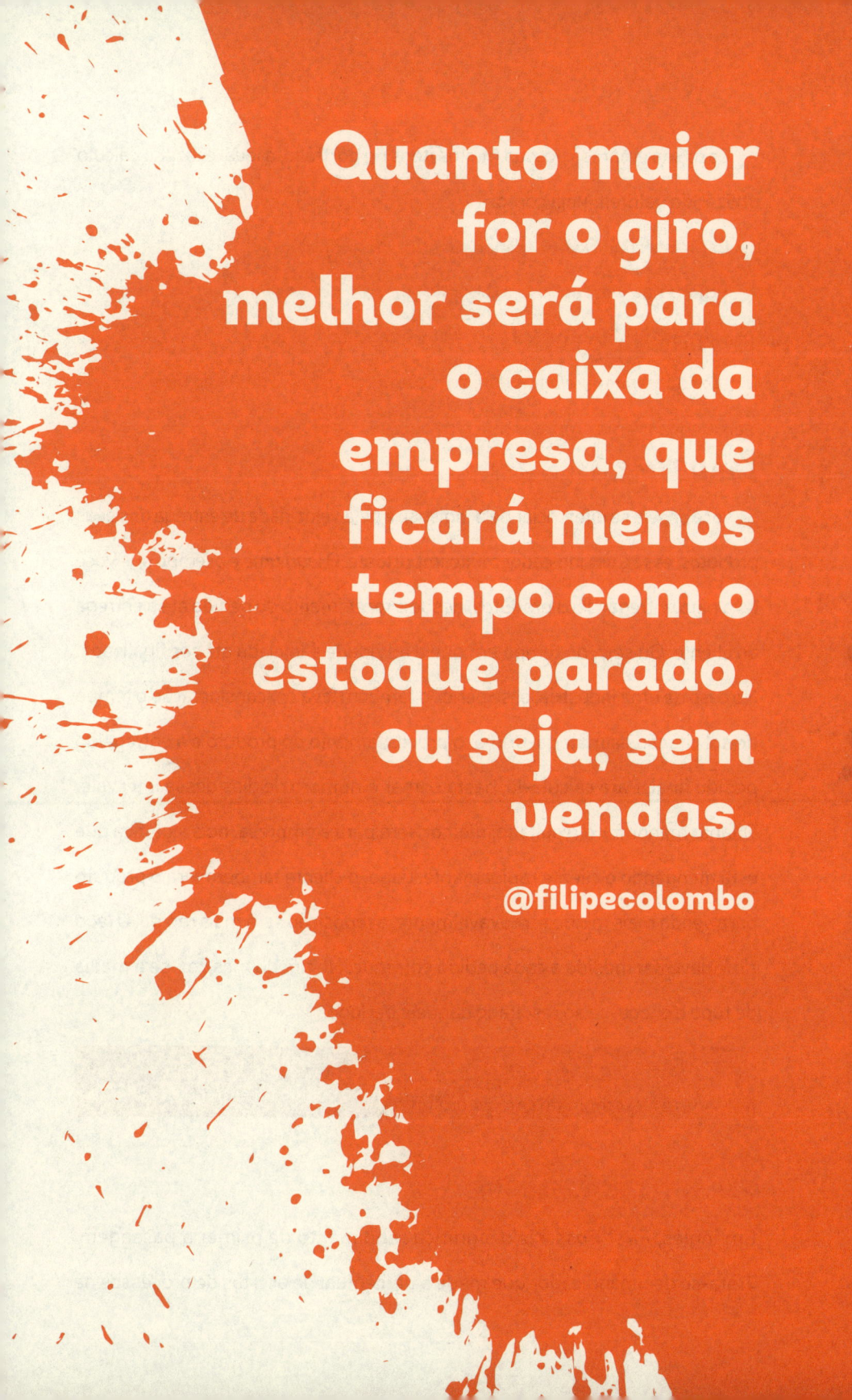

Quanto maior for o giro, melhor será para o caixa da empresa, que ficará menos tempo com o estoque parado, ou seja, sem vendas.

@filipecolombo

Caso sua empresa possua muitos itens no portfólio, o ideal é fazer o cálculo utilizando valores. Veja como:

Estoque*: R$ 10.000,00

Volume de vendas*: R$ 50.000,00

Cálculo: 50.000/10.000 = 5 giros por ano.

*Considerando o valor de compra do fornecedor, não o de venda final.

LEAD TIME

Se você deseja se diferenciar pela logística e pela velocidade de entrega dos seus produtos, esse é um indicador muito importante. O *lead time* é o tempo que você leva para entregar seus produtos, desde o recebimento do pedido até a entrega ao cliente. Ou seja, do tempo em que a atividade é iniciada até ser finalizada. No caso de uma indústria, esse período também leva em consideração o tempo de solicitação da matéria-prima, o processamento do produto e a entrega do pedido final. Para calculá-lo, basta somar o número de dias desse intervalo. Quanto menor for o resultado, melhor será para a empresa, pois significa que está atendendo o cliente rapidamente. Logo, o cliente também terá o produto para venda mais rápido e, provavelmente, a reposição será mais rápida. O *lead time* deve ser medido a cada pedido entregue. No fim do mês, faz-se a média de tudo e chega-se ao resultado daquele período.

> **LEAD TIME =**
> Data do recebimento do pedido − data em que o pedido foi entregue ao cliente

FIRST PASS YIELD (FPY)

Em inglês, *First Pass Yield* significa rendimento de primeira passagem. Trata-se de um indicador que mede o percentual de acertos de processos na primeira tentativa ou quanto de retrabalho é feito em determinado processo. Dessa forma, esse indicador só é usado por indústrias que fabricam produtos. Com o FPY, é possível identificar problemas recorrentes no processo produtivo e melhorar a eficiência da planta industrial como um todo, reduzindo custos e aumentando a produtividade.

Para calculá-lo, você precisará saber o número de unidades do produto que passaram no primeiro teste sem serem refugados ou reprocessados pelo controle de qualidade interno da indústria (P) e o número de unidades testadas (U). Com o resultado em mãos, basta multiplicá-lo por 100 para achar a porcentagem (%).

$$FPY = P/U$$

PORCENTAGEM DE CUSTO FIXO

Custos fixos são aquelas despesas que não sofrem alteração de valor caso aumente ou diminua sua produção ou sua quantidade de vendas. São aqueles valores que, vendendo ou não, a empresa terá que pagar no fim do mês. Possíveis variações na produção não vão afetá-los, pois já estão com os valores fixados. Alguns exemplos são custos com limpeza; aluguel de equipamentos e instalações; licença de softwares e plataformas; segurança e vigilância; salários e benefícios, como convênio médico, vale-refeição, vale-alimentação. Cada empresa deve analisar que custos são esses. Ao conhecer o custo fixo de sua empresa, o gestor consegue prever futuras despesas e também seu lucro, além de conseguir planejar estratégias para cada período de vendas. Para calcular esse indicador, utilize a fórmula a seguir:

$$\text{CUSTO FIXO} = \text{soma de todos os custos fixos} / \text{faturamento líquido}$$

Quanto maior for o custo fixo, pior será para a empresa, pois precisará de mais vendas e margens maiores para pagar seus custos. E lembre-se: custos são iguais a unhas. Você corta hoje e amanhã já estão crescendo novamente. **Seja obsessivo em reduzir os custos fixos o tempo todo.**

PORCENTAGEM DE DEVOLUÇÃO DE PRODUTOS

A devolução de mercadorias, por mais indesejável que seja, acontece em qualquer negócio. Quando isso acontece, a empresa precisa estar preparada para oferecer o suporte de que o consumidor precisa. Do contrário, o problema gera uma insatisfação no cliente que não conseguiu concretizar sua compra. Além de prejudicar a reputação da empresa, uma devolução de mercadorias malsucedida pode acarretar outros problemas, como falta de controle de estoque e dificuldade no fluxo de caixa.

Esse indicador pode ser calculado em valores ou em volume (unidades). Essa escolha deve ser feita baseada no tipo do negócio que você comanda. Veja como fazer:

DEVOLUÇÃO DE PRODUTOS =
soma dos valores das devoluções / faturamento líquido

Ou:

DEVOLUÇÃO DE PRODUTOS =
soma das unidades devolvidas / faturamento líquido

PORCENTAGEM DE RECLAMAÇÃO DE CLIENTES

As reclamações dos clientes mostram a insatisfação deles com o produto ou serviço de sua empresa. Por isso, é fundamental conhecê-las, pois é uma oportunidade de melhorar suas operações. A fórmula é simples, e você pode utilizá-la conforme apresentada a seguir. Depois de realizar a conta, multiplique o valor obtido por 100 para achar a porcentagem (%).

> **RECLAMAÇÕES DE CLIENTES =**
> número de clientes ativos / número de reclamações recebidas

Esse indicador deve ser medido e compartilhado mensalmente com a equipe de atendimento. Os colaboradores precisam ser preparados para fazer a gestão das críticas e atender às solicitações dos clientes da melhor maneira possível. Não despreze esse indicador, porque o custo para conquistar novos clientes, o CAC, normalmente é muito mais alto que para manter os clientes atuais. Além disso, consumidores satisfeitos compram mais da empresa e a indicam à sua rede de contatos.

LUCRATIVIDADE

Indica, em percentual, o ganho que a empresa tem em relação ao trabalho que desenvolve. Embora muitos confundam, lucro e lucratividade têm significados diferentes. Segundo o Sebrae, lucro é o número obtido pelo resultado positivo após deduzir todos os custos e despesas das vendas realizadas. Já a lucratividade é o percentual conseguido da relação entre o valor do lucro líquido e o valor das vendas.[61]

Medir a lucratividade, um dos principais indicadores econômicos, permite à empresa ver se o negócio está justificando sua operação, ou seja, se as vendas que estão sendo realizadas são suficientes para arcar com

---

[61] CÁLCULO da lucratividade do seu negócio. **Sebrae**, 13 set. 2019. Disponível em: https://www.sebrae.com.br/sites/PortalSebrae/artigos/calculo-da-lucratividade-do-seu-negocio,21a1eb b38b5f2410VgnVCM100000b272010aRCRD. Acesso em: 13 jan. 2021.

todos os custos e despesas e ainda gerar lucro.[62] O resultado pode ser medido mensal, trimestral, semestral ou anualmente, de acordo com a periodicidade desejada para monitorar o indicador. Para calculá-la, utilize a fórmula a seguir e, com o valor final obtido, multiplique por 100 para achar a porcentagem (%).

LUCRATIVIDADE =
lucro líquido / receita total

Quanto maior a lucratividade, melhor para a empresa. Para saber se está em um patamar aceitável, vale comparar o percentual obtido com o de empresas do mesmo segmento, fazendo o *benchmarking*. Caso não seja satisfatório, é preciso propor mudanças que visem reduzir as despesas ou aumentar as margens. Pode ser substituição de matéria-prima, corte de alguns benefícios dos funcionários, modificação no quadro de colaboradores, aumento de preços, melhoria do mix de vendas, alteração no regime tributário (quando possível) ou outras estratégias para melhorar esse percentual.

RENTABILIDADE

Esse indicador mostra quanto renderam os investimentos efetuados pela empresa, ou seja, é a relação entre o lucro líquido e o investimento realizado. Pode ser algo pontual, como um investimento em marketing ou na compra de um maquinário, ou algo maior, como todo valor investido em uma empresa em determinado período. A rentabilidade é diferente da lucratividade, como já vimos aqui. Por isso, é possível ter negócios que são lucrativos, mas não

---

[62] PAULA, G. B. de. Rentabilidade e lucratividade: entenda a diferença e a importância desses conceitos para os negócios. **Treasy**, 25 abr. 2014. Disponível em: https://www.treasy.com.br/blog/rentabilidade-x-lucratividade-voce-sabe-a-diferenca. Acesso em: 13 jan. 2021.

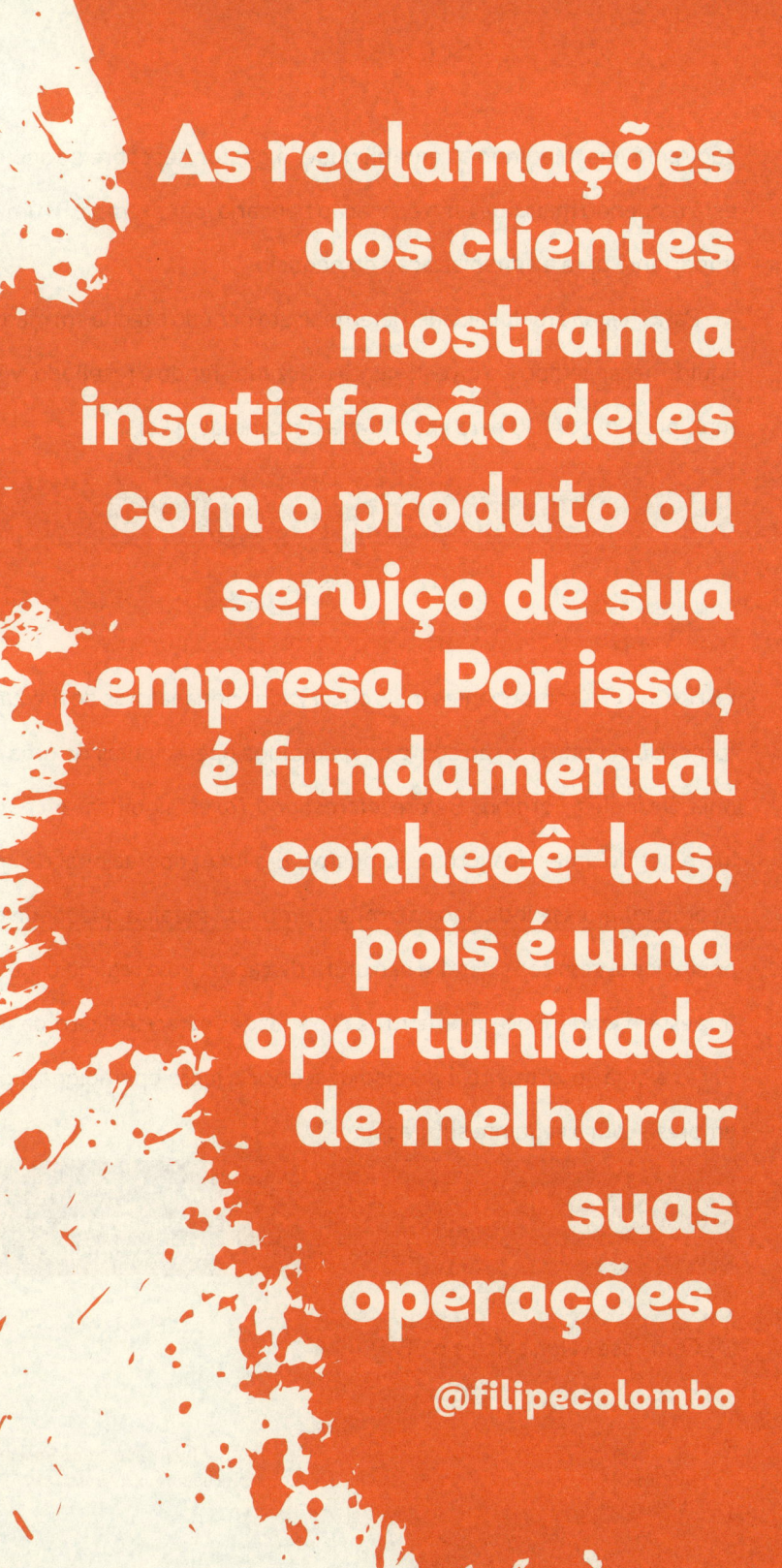

As reclamações dos clientes mostram a insatisfação deles com o produto ou serviço de sua empresa. Por isso, é fundamental conhecê-las, pois é uma oportunidade de melhorar suas operações.

@filipecolombo

são rentáveis. Medindo a rentabilidade, o gestor descobre se seu negócio está rendendo mais que uma aplicação bancária, por exemplo. É um número importante para a administração do negócio.

Para chegar à rentabilidade, determine um período e tenha em mãos o lucro líquido nesse tempo e o investimento realizado. Tendo o resultado, você deve multiplicá-lo por 100 para encontrar a porcentagem (%).

RENTABILIDADE =
lucro líquido / investimento realizado

EBIT OU LUCRO OPERACIONAL

EBIT é um dos componentes mais observados por analistas de mercado, pois fornece uma ótima visão sobre os resultados operacionais de uma companhia. Do inglês, *Earnings Before Interest and Taxes*, significa, em português, lucro obtido antes dos juros e impostos. É o lucro operacional da empresa. Acompanhar esse indicador permite à empresa medir a qualidade do lucro operacional sem considerar a estrutura de capital ou o regime tributário em que está inserida. É o termômetro da capacidade operacional da organização.[63]

Para calculá-lo, primeiro é preciso descobrir o lucro operacional líquido da empresa com a seguinte subtração:

LUCRO LÍQUIDO OPERACIONAL =
receita líquida − custo das mercadorias comercializadas − despesas operacionais[64] − despesas financeiras líquidas

Com esse valor, calcule o EBIT:

---

[63] REIS, T. Ebit: entenda o que é e como analisar esse indicador financeiro. **Suno Research**, 23 jul. 2018. Disponível em: https://www.sunoresearch.com.br/artigos/ebit/. Acesso em: 13 jan. 2021.
[64] Despesas gerais, comerciais e administrativas. (N. E.)

> **EBIT =**
> lucro líquido operacional + tributos sobre o lucro[65] + despesas financeiras líquidas das receitas financeiras

EBITDA

Semelhante ao EBIT, o EBITDA (do inglês, *Earnings Before Interest, Taxes, Depreciation and Amortization*) é o lucro obtido antes dos juros, dos impostos, da depreciação e da amortização. Além de ser uma unidade de desempenho conhecida no mundo todo, medi-lo permite conhecer quanto a companhia está gerando de caixa com base nas atividades operacionais, excluindo os impactos financeiros e os impostos.

Também conhecido como LAJIDA no Brasil, esse KPI é utilizado para verificar o real desempenho de uma empresa em determinado período, sem a influência de fatores difíceis de serem mensurados, como financiamentos de curto e médio prazos, impostos e decisões contábeis. Por isso, é muito adotado por empresas de capital aberto e por analistas financeiros no mundo todo. Também ajuda a avaliar de forma superficial quanto vale uma empresa no mercado, usando como parâmetro o histórico de transações de fusões e aquisições realizadas no mesmo setor. Por exemplo: uma empresa X foi negociada por um valor oito vezes maior que seu EBITDA. Já a Y foi negociada por um valor nove vezes maior. Assim, quando somamos e dividimos os valores, é possível chegar a uma média de 8,5 vezes. Com esse número, você pode estimar o valor aproximado de quanto seu negócio vale no mercado. Ou seja, com base no valor de negociação de EBITDA das empresas do mesmo setor que o seu, é possível ter uma referência de quanto vale sua empresa.

Para calculá-lo, use como base o EBIT, como apresentado a seguir:

---

[65] Imposto de Renda Pessoa Jurídica (IRPJ) e Contribuição Social sobre Lucro Líquido (CSLL).

> **EBITDA =**
> EBIT + depreciação + amortização

Os valores de amortização e depreciação são obtidos com o contador particular da empresa ou com o departamento de contabilidade.

Esse indicador, apesar de ser amplamente utilizado, deve ser usado com cuidado, pois pode passar uma falsa ideia sobre a saúde financeira da empresa e sua liquidez. Por exemplo: se o maquinário da empresa estiver muito obsoleto, exigindo grande investimento em renovação no curto prazo, isso não poderá ser previsto por meio do EBITDA. Também é comum vermos manobras contábeis para mascarar esse indicador. Sabendo dessas limitações, o EBITDA não é um bom indicador para saber o volume monetário do caixa, mas é extremamente útil para medir o potencial de geração de caixa pelos ativos operacionais, que é toda a estrutura que a empresa usa para gerar resultados, como seus pavilhões, escritórios, carros, caminhões, máquinas, e assim por diante.

PONTO DE EQUILÍBRIO (*BREAK EVEN POINT*)

O ponto de equilíbrio, ou *break even point*, é um indicador de segurança do negócio que mostra o ponto em que o que sobra das receitas totais paga as despesas da operação, resultando em lucro zero. É o limite entre o lucro e o prejuízo de uma companhia em determinado período ou da venda de certo produto em um período, indicando, com base em uma projeção, quanto é necessário vender para que as receitas se igualem aos custos.

Para calcular o *break even point*, a empresa precisa conhecer os custos e as despesas – fixas e variáveis – e sua margem de contribuição. Então, comece calculando essa margem em um período da seguinte forma:

> **MARGEM DE CONTRIBUIÇÃO =**
> preço de venda do produto ou serviço −
> (custo variável + despesas variáveis da empresa)

Custos e despesas variáveis são aqueles valores que mudam proporcionalmente com o nível de produção, ou com o volume de vendas, ou com o volume de serviços prestados, de acordo com o setor. No caso de um comércio, por exemplo, quanto mais ele vender, maiores serão seu custo e sua despesa variável. Se as vendas forem baixas, esses valores acompanharão essa queda. Agora, parta para o *break even point*. Lembrando que o período de apuração deve ser o mesmo:

> **PONTO DE EQUILÍBRIO =**
> despesas fixas / margem de contribuição

Esse cálculo é importante porque mostra ao gestor quanto é preciso vender para pagar seus custos. Com esse número em mãos, ele pode definir estratégias de vendas mais acertadas. Já para os empreendedores iniciais, o *break even point* mostra a partir de quanto de vendas ele começará a ter lucro com seu negócio. Verifique no exemplo a seguir. O *break even point* é justamente onde as receitas e os custos se encontram.

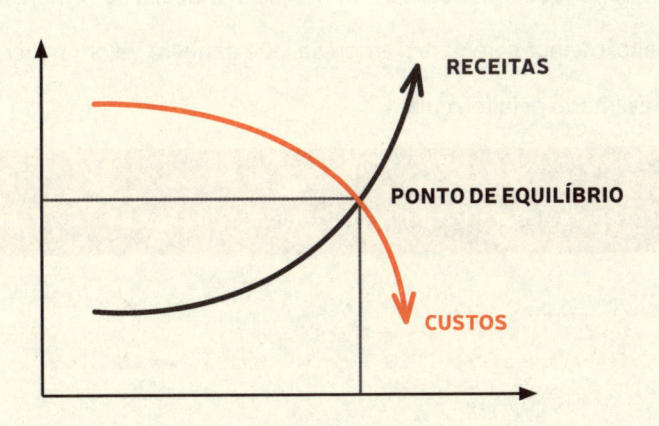

GRAU DE ENDIVIDAMENTO

É a representação da proporção do ativo total da empresa comprometido para custear o endividamento com terceiros, como um banco ou uma dívida de ação trabalhista, por exemplo. Esse tipo de despesa é chamada passivo exigível, ou seja, uma dívida com terceiros que deverá ser quitada em um período. Medir o grau de endividamento é importante, porque representa a saúde financeira de uma companhia. Para calculá-lo, você pode utilizar a fórmula a seguir. Depois de adquirir o resultado, basta multiplicar por 100 para achar a porcentagem (%).

> **GRAU DE ENDIVIDAMENTO =**
> total de dívidas (curto e longo prazos) / ativos totais

VALOR ECONÔMICO ADICIONADO (EVA)

O EVA (*Economic Value Added*), ou Valor Econômico Adicionado, analisa se determinado investimento traz ganhos reais aos acionistas, que são as pessoas que colocaram dinheiro no negócio. Para muitos analistas, gestores e conselheiros, esse é o principal indicador real de desempenho de uma companhia. É mais complexo de ser calculado, porém com resultado valiosíssimo. Foi criado pela consultoria Stern Stewart & Co., de Nova York (EUA), pela necessidade de ter um indicador que mostrasse a real criação de riqueza das empresas.[66] Quanto mais alto, melhor será para a empresa, que ganhará valor no mercado. O EVA é representado pela fórmula:

> **EVA =**
> lucro operacional − (custo de oportunidade do capital total × capital total)

---

[66] CARVALHO, L. M. S. de. Valor econômico adicionado – EVA: enfoque de gestão financeira. **Banco Central do Brasil**, nov. 2000. Disponível em: https://www.bcb.gov.br/ftp/denor/luciano--bcb.pdf. Acesso em: 13 jan. 2021.

Onde:

Lucro operacional é o lucro proveniente dos ativos da empresa (investimento). Aqui entram as receitas financeiras.

Custo de oportunidade do capital total, também conhecido como custo médio ponderado de capital (CMPC) ou WACC (do inglês, *Weighted Average Capital Cost*). O CMPC é a média ponderada entre o custo de capital de terceiros (quanto de lucro/juros você paga a bancos ou a fornecedores para financiar suas operações) e o custo de capital próprio, ou seja, a composição de recursos à disposição da empresa. O resultado desse cálculo vai indicar o nível de atratividade mínima do investimento.

Capital total é a soma das dívidas onerosas com o patrimônio líquido, a preço de mercado.

TURNOVER

Esse indicador de gestão de pessoas indica a porcentagem de substituições de antigos funcionários por novos em determinado período de tempo. Isso revela a capacidade da empresa em reter os colaboradores, ação mais barata que contratar novos. O cálculo é simples, e o resultado deve ser multiplicado por 100 para encontrar a porcentagem (%).

> **TURNOVER =**
> [(admissão + demissão)/2] / número total de funcionários ativos

Exemplo: uma empresa com 100 funcionários admitiu 12 colaboradores no último ano e demitiu 6. Então: (12 + 6) / 2 = 9 / 100 = 0,09. A taxa de *turnover* da empresa é 9%.

Compare seus resultados com o de outras empresas, assim como com o de outros períodos da sua própria empresa, para saber se está melhorando ou piorando. Você pode conseguir o resultado das outras empresas fazendo uma pesquisa na internet, principalmente das empresas de capital aberto, que divulgam esses dados.

Caso veja que o resultado é negativo, sugiro analisar os motivos pelos quais seus colaboradores estão saindo da companhia. É interessante criar, ainda, ações para reter talentos. Assim como captar novos clientes é caro, contratar novos profissionais também o é.

SATISFAÇÃO DOS COLABORADORES

Indicador que mede a satisfação dos colaboradores. Pode ser feito por meio de uma pesquisa simples ou algo mais complexo. Isso dependerá do tamanho de sua empresa.

Minha sugestão é criar uma pesquisa completa para ser feita a cada dois anos e outra mais simples, como um NPS interno (já falamos sobre esse indicador neste capítulo), para ser aplicada a cada seis ou três meses.

TAXA DE ABSENTEÍSMO

O absenteísmo no trabalho é a ausência ou falta de um funcionário ao trabalho. Por causa do impacto que as faltas causam na produção, vem sendo muito utilizado no departamento de Recursos Humanos. O segredo desse indicador é analisar os motivos que levaram à abstenção no trabalho para poder criar um plano de ação sobre eles. Para medi-lo, use a seguinte fórmula:

ABSENTEÍSMO =
quantidade de horas de ausência dos colaboradores / total de horas de trabalho

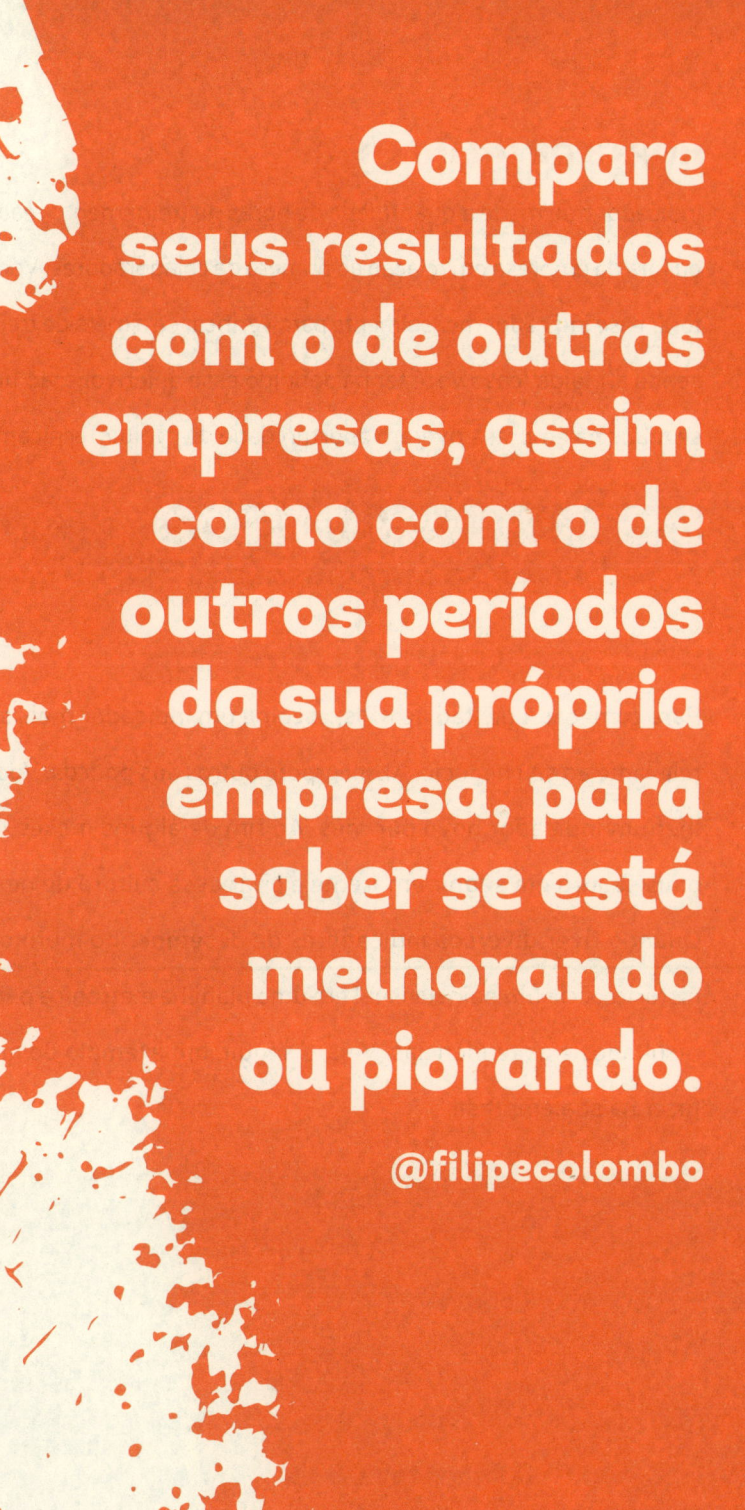

Compare seus resultados com o de outras empresas, assim como com o de outros períodos da sua própria empresa, para saber se está melhorando ou piorando.

@filipecolombo

HORAS DE TREINAMENTO

Indicador que mede a quantidade de horas de treinamento realizadas dentro ou fora da empresa em relação ao número de colaboradores. Você pode monitorar esse indicador mensalmente para verificar se a meta de treinamento está sendo atingida (caso você tenha definido esse objetivo) e, ao fim de um ano, se todos na empresa tiveram oportunidade de evoluir tecnicamente.

HORAS DE TREINAMENTO =
horas de treinamento realizadas / número total de colaboradores

COMEÇANDO A UTILIZAR OS KPIs

Para começar a gestão de KPIs, escolha um indicador mais simples, mais relevante ao seu negócio. Aí, incorpore outros aos poucos. Você pode escolher um indicador novo por mês. Ao fim de alguns meses, estará muito mais seguro em seguir em frente e criar essa cultura de gestão de KPIs. Quando tiver diversos indicadores de desempenho monitorados e com histórico, crie um painel visual em uma planilha eletrônica para analisar os resultados e as tendências. Veja, a seguir, um exemplo do que você pode fazer na sua empresa:

ÍNDICE	JAN	FEV	MAR	ABR	MAI	JUN	JUL	AGO	SET	OUT	NOV	DEZ
Volume	⚫	⚫	⚫	🟠	⚫	🟠	⚫	⚫	⚫	⚫	🟠	⚫
Fat. Líquido	🟠	⚫	⚫	⚫	⚫	🟠	⚫	⚫	⚫	⚫	🟠	🟠
Clientes ativos	🟠	🟠	⚫	⚫	⚫	⚫	⚫	⚫	⚫	⚫	⚫	🟠
% Inadimplência	🟠	🟠	🟠	⚫	⚫	⚫	⚫	⚫	🟠	🟠	⚫	⚫
PMR	⚫	🟠	⚫	⚫	⚫	⚫	⚫	⚫	⚫	⚫	⚫	⚫
Ciclo Financeiro	⚫	⚫	⚫	⚫	🟠	🟠	⚫	🟠	⚫	⚫	⚫	⚫
NPS	⚫	⚫	⚫	⚫	🟠	⚫	⚫	⚫	⚫	⚫	⚫	⚫
Ticket Médio	⚫	⚫	⚫	🟠	⚫	⚫	⚫	🟠	⚫	⚫	⚫	⚫
PMV	⚫	🟠	⚫	🟠	⚫	⚫	⚫	⚫	⚫	🟠	⚫	⚫
Giro do Estoque	🟠	🟠	⚫	⚫	⚫	⚫	⚫	⚫	⚫	⚫	⚫	⚫
FPY	🟠	⚫	🟠	🟠	🟠	🟠	🟠	⚫	⚫	⚫	⚫	⚫
% Custo Fixo	⚫	⚫	⚫	⚫	⚫	⚫	⚫	⚫	⚫	⚫	⚫	⚫
% Devolução	⚫	⚫	🟠	⚫	🟠	⚫	🟠	⚫	🟠	⚫	⚫	⚫
% Reclamação	⚫	⚫	⚫	🟠	🟠	🟠	⚫	⚫	⚫	⚫	⚫	⚫

⚫ Resultado ruim, abaixo da meta   🟠 Resultado bom, acima da meta

Sei que são muitos indicadores e pode parecer complexo, mas garanto que não é. Se você medir esses números, terá sua empresa mais controlada e com mais informações e subsídios para a tomada de decisão. Acredite em mim. Vale a pena!

capítulo 10

NEM TUDO SÃO CORES, MAS SEMPRE SERÃO APRENDIZADOS

Estar à frente da operação de uma empresa é como andar em uma esteira. Mas, diferente daquelas das academias, em que podemos parar tão logo ficamos cansados, a esteira corporativa nunca para. Já falei sobre isso aqui. Quando estamos correndo para resolver um problema na operação, acontece outro problema em outro departamento ou até mesmo algo vindo de fora, como uma mudança na legislação trabalhista e tributária, e temos que resolver tudo ao mesmo tempo; afinal, a esteira não para.

Mesmo na minha vida, vivendo em uma fábrica de tintas, com cores alegres para todos os lados, posso dizer com toda certeza: nem tudo são cores. Tivemos muitas pedras no meio do caminho. Pedras bem grandes, por sinal. Vivemos altos e baixos a todo momento. Pode até parecer que profissionalizar o tripé de crescimento da Anjo foi algo que aconteceu da noite para o dia. Claro que não. Foram anos analisando indicadores que fossem mais relevantes ao nosso negócio, criando estratégias de vendas que fizessem sucesso e valorizando nossos colaboradores de modo que se sentissem parte da organização. Mas você já tem mais de meio caminho andado. Mostrei neste livro como aplicar o método de crescimento da Anjo na sua empresa, e, se assim como eu, você tem muita vontade de crescer, digo: vá em frente. Você consegue! Não se assuste com os perrengues; lembre-se de que você está em uma esteira. E, quanto mais longe for, mais satisfação terá ao fim. Se sua ideia é abrir uma empresa, com certeza você está mais preparado para enfrentar, de frente e sem medo, o caminho do empreendedorismo.

Já falei aqui – e até mais que uma vez – como é encantador ter um negócio próprio. Sou apaixonado pelo que faço. Mas sei que o CEO precisa estar preparado para imprevistos que acontecem mesmo quando a operação anda redondinha. Sim, isso vai acontecer e não deve ser motivo para descer da esteira. Baixe a velocidade, respire fundo e siga em frente. Passei por situações que me fizeram questionar muito minha gestão. Será que estava seguindo o caminho certo? Será que minha maneira de lidar com a gestão estava correta? Falei aqui que minha relação com as falhas é bem tranquila. Encaro-as como oportunidades de novo aprendizado. Diante de uma situação adversa, não há tempo para lamentações. Reverta-a e encare-a como algo positivo.

O que passei aqui na Anjo pode servir de aprendizado para você, por isso vou compartilhar esses perrengues. E garanto que não foram poucos. Um deles aconteceu ainda no primeiro semestre da minha gestão, no fim de 2013. Fazia cinco meses que estava no cargo de CEO quando o diretor da unidade Revenda (linha automotiva e imobiliária), a maior da Anjo e a mais lucrativa, pediu para sair da empresa. Estava conosco desde o início, em 1986, e decidiu que era hora de empreender, de ter o próprio negócio. Na hora, tremi. Como assim perder um colaborador tão importante? E da maior unidade de negócios da empresa? Por que ele pediu para sair justo agora que assumi? Um diretor é peça fundamental no comando de uma empresa. É o substituto imediato do CEO e peça estratégica na corporação. Por isso, a escolha desse colaborador deve ser muito estudada. E, por isso também, a saída pode ser um risco gigantesco para que a empresa saia do rumo.

O ideal é que toda empresa tenha um sucessor qualificado para assumir a posição em um caso desses, mas sei que nem sempre é assim. Tanto que não tínhamos outra pessoa para colocar no lugar dele. Você deve pensar: mas na Anjo você sempre tem que preparar um sucessor! Pois é, mas eu ainda estava estruturando minha gestão e não havia tido tempo para preparar alguém. Aliás, nem era minha prioridade naquele momento. O que foi um erro.

Pense comigo. Minha mãe, Albany, foi diretora financeira da empresa até 2010 e já havia saído da operação. O Beto, meu pai, saiu em 2013. E agora esse outro diretor, que estava desde nossa fundação, também saía. Estávamos perdendo parte da nossa história, dos nossos gestores, da nossa cultura. Diante da situação, pedi a ele que ficasse por mais um ano no cargo, tempo em que prepararíamos um sucessor e organizaríamos essa mudança. Passado esse período, em 2014, ele foi abrir sua empresa de marketing, a Empória Branding, que é a agência que cuida da gestão da nossa marca, e passou a nos ajudar a distância, como mentor.

Para o cargo de diretor da unidade Revenda, escolhemos um gerente regional de vendas. Ele era muito capacitado, possuía senso de estratégia apurado e conseguia enxergar o futuro do mercado, criando cenários muito bons. Mas havia um problema. Ele não tinha conhecimento na área de produção e de laboratório. Em qualquer outra empresa, isso não seria empecilho, pois, no modelo convencional de negócio, cada área da empresa tem um diretor responsável, independentemente da área de negócio. Assim, o diretor comercial cuida da área comercial de toda a organização; o diretor de produção cuida do processo produtivo geral, e assim por diante. O problema é que uma única unidade de negócios acaba tendo vários executivos no comando. São muitos donos para um mesmo cachorro. E cachorro com dois donos morre de fome.

Na Anjo, porém, criamos um modelo em que os diretores executivos de unidades de negócios são quase um CEO dessa unidade, sendo responsáveis por todas as áreas — produção, vendas, laboratório de controle de qualidade e desenvolvimento — e pelos resultados. Como o novo diretor só conhecia a parte comercial, investimos em treinamento para que ele adquirisse os conhecimentos necessários para controlar a unidade de negócio. Também reforçamos o time de gerentes abaixo dele, para que pudessem tomar decisões. Talvez tivesse sido mais fácil buscar alguém no mercado para ocupar a vaga? Pode até ser que sim, mas um dos pilares de crescimento da Anjo é a gestão de pessoas. Eu não poderia deixar de colocar em prática aquilo que mais nos ajudou a crescer: a valorização dos nossos colaboradores. Foi um desafio gigante, mas acreditávamos muito no potencial desse novo diretor. E demos conta do recado. Quem está no mundo dos negócios não pode ter medo de encarar desafios. E foi assim que, naquela hora, enxerguei o momento pelo qual estávamos passando. Mas essa história não para por aqui.

Lembra-se da esteira que nunca para? Então, um ano depois de assumir o cargo, esse diretor recebeu uma proposta de trabalho em uma multinacional concorrente e, de um dia para o outro, entrou na minha sala e me informou que estava de saída. Não havia espaço para contraproposta. Era decisão tomada. Essa notícia foi um choque. Era o segundo diretor da nossa principal unidade de negócios que eu perdia em dois anos. Isso me fez refletir muito. Pensei sobre meu modelo de gestão, se aquilo era culpa minha, o que havia feito de errado, por que não conseguia manter minha equipe no time, e muitos outros questionamentos. Em momentos assim, costumo sair da empresa, ir até um local neutro para me desligar do turbilhão de informações e refletir sobre os acontecimentos e minhas posições. Analisei cada um daqueles pensamentos que passou pela minha cabeça. Conclui que foram problemas pontuais. O que precisava fazer era arregaçar as mangas e achar uma solução para o meu problema. Titubeei? Sim. Mas não desisti. Quando um empresário desiste de achar a solução para um problema interno, não desiste apenas daquela situação, mas de todo o sistema — no caso, o funcionamento da própria empresa. Por menores que sejam os problemas (que não era o meu caso), temos que encará-los de frente. Sempre! E foi um momento importante também para que eu revisse meu trabalho. Tipo um check-up do que vinha fazendo. E foi ótimo para mim.

Depois de alguns dias — e noites também — pensando sobre o que faria, decidi propor a um diretor de outra unidade de negócio que assumisse essa e ir atrás de um novo colaborador para a unidade que perderia o diretor. Era uma decisão arriscada. Mas um gestor tem que medir os riscos e decidir. Em situações extremas como essa, a pior decisão é não decidir. Nesse momento, a unidade Revenda, que antes era a mais lucrativa, estava dando prejuízo (e agora estava sem diretor). Já a unidade de Flexografia operava no azul, segurando os bons resultados da empresa. Minha ideia, como disse, era levar o diretor de Flexografia para a Revenda. O risco era transformar a unidade que estava dando lucro em deficitária e não conseguir dar a volta por cima na unidade que estava dando prejuízo. Ou seja, teríamos duas unidades operando no vermelho. Se isso acontecesse, a Anjo poderia quebrar em poucos meses.

Levei meu plano para o nosso Conselho, que discutiu e ponderou muito a respeito. Mas confiou nos meus argumentos e aprovou a mudança. Eu sabia que tinha uma enorme responsabilidade em mãos. Era a hora de colocar tudo que havia estudado sobre gestão em prática e, mais uma vez, nossos pilares de crescimento em ação. E também esquecer o discurso de que o CEO precisa ser o cara que cuida apenas da estratégia. Desci para a operação, coloquei a mão na massa e, com nossa equipe, criamos um plano de marketing de guerrilha interno. Em publicidade, marketing de guerrilha são as estratégias agressivas, com grande impacto no consumidor, feitas com baixo orçamento. Era justamente o que precisávamos fazer. Não havia espaço para *mimimi*. Analisamos nossa planilha de custos e nossos indicadores, linha por linha, e decidimos o que era crucial para a sobrevivência da empresa. Tudo que não fosse extremamente necessário seria cortado. Foi um trabalho bem analítico. Em muitos casos, com decisões impopulares, mas necessárias para a sustentabilidade do nosso negócio. Olhamos tudo, desde as contas grandes, como publicidade, até as contas pequenas, como o cafezinho do escritório. Eu sabia que cortar o cafezinho não ia resolver nosso problema, mas olhamos tudo e cortamos as despesas não essenciais naquele momento.

O segundo passo foi usar a gestão de vendas para melhorar nossos números. Tínhamos que vender mais, não havia saída. E aí fomos a campo visitar nossos clientes. Eu e o novo diretor da unidade Revenda. No primeiro ano dessa mudança, passamos quase trezentos dias viajando pelo Brasil para visitar clientes. Fechamos muitas parcerias, o que ajudou a elevar nosso faturamento. Também conseguimos identificar novas necessidades e, com essas informações, lançamos produtos focados nas dores dos nossos clientes. Seis meses depois do início dessa jornada, tínhamos as duas unidades dando lucro. Foi uma jogada arriscada? Sim, mas foi também uma virada de jogo fantástica. E ter à mão um método consolidado para ser colocado em prática imediatamente foi fundamental para basear nossas decisões. Essa situação me ensinou

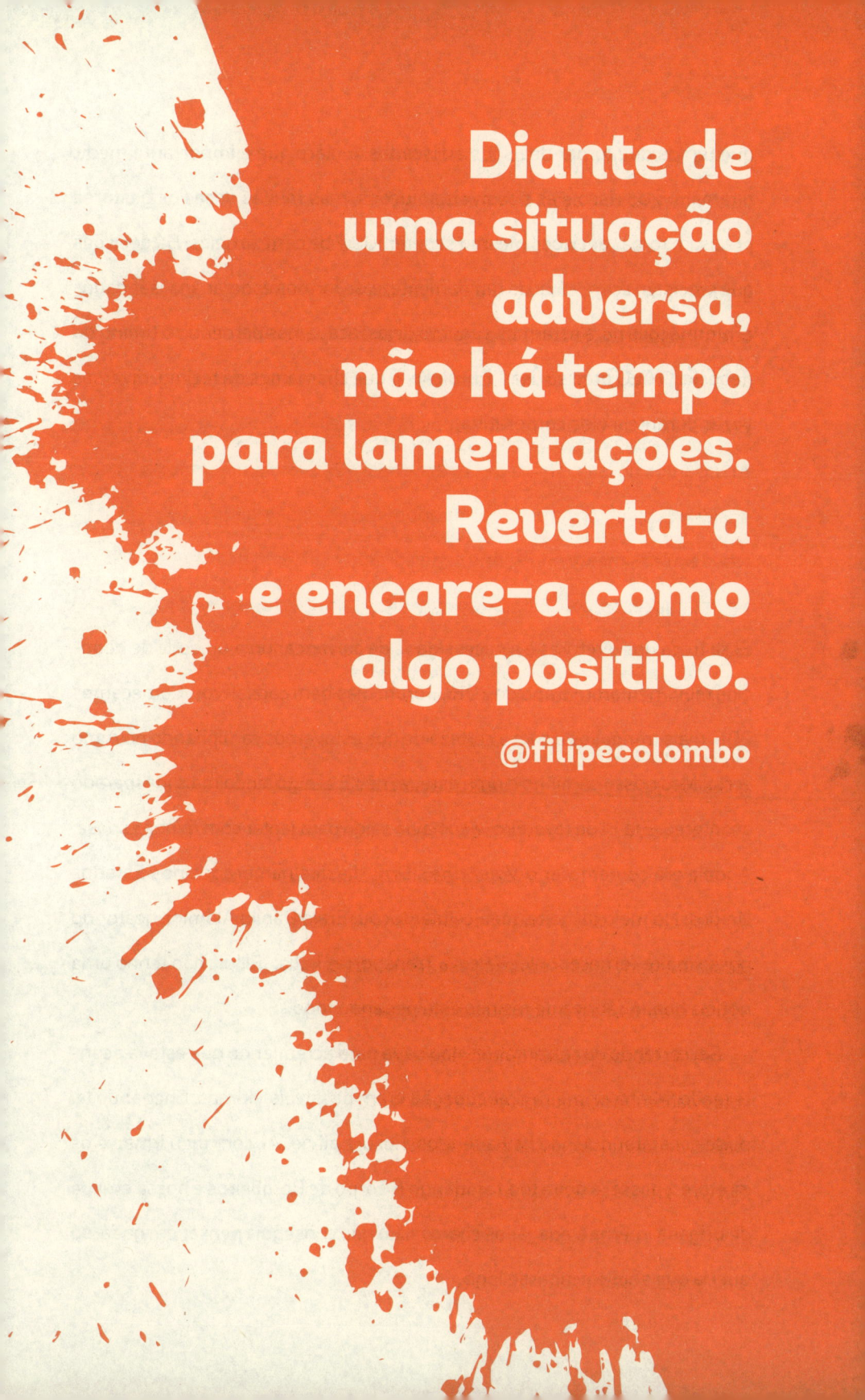

Diante de uma situação adversa, não há tempo para lamentações. Reverta-a e encare-a como algo positivo.

@filipecolombo

que temos que tomar decisões arriscadas. É claro que é importante medir o tamanho do risco e as possíveis soluções, mas muitas vezes os gestores precisam tomar decisões mesmo sem ter 100% de certeza delas. Há decisões que precisam ser resolvidas rapidamente, e, se formos esperar analisar dados e informações para estarmos seguros delas, acabamos perdendo o timing do negócio. O CEO precisa usar a intuição, o que chamamos de feeling, diversas vezes durante a vida corporativa.

A fábrica de resinas

Essa troca dos diretores e a necessidade de alavancar uma unidade de negócios movimentaram o ano de 2016. Foram dias bem cansativos. Começamos 2017 mais tranquilos e com a certeza de que estávamos caminhando no rumo certo. Mas nosso caminho é uma esteira, né? E aí algo ainda mais inesperado aconteceu. Era 14 de fevereiro, e eu havia saído para jantar com minha esposa. A ideia era comemorar o *Valentine's Day*, dia dos namorados nos Estados Unidos. No meio da noite, meu celular tocou. Era o Danilo Alamini, gestor do nosso maior fornecedor logístico, a Transportes Itália: "Filipe, não tenho uma notícia boa. A fábrica de resinas está pegando fogo".

Saí correndo do restaurante. Não dava para acreditar no que estava acontecendo. Minha primeira preocupação eram possíveis vítimas. Chegando lá, pude constatar que não havia feridos. Foi um alívio. Aí, com meu irmão e os diretores, passei a noite toda ajudando o Corpo de Bombeiros e nossa equipe de brigada interna a apagar as chamas. Eu não conseguia pensar em nada, só queria que aquilo acabasse logo.

Para entender a seriedade desse fato, quatro anos antes, quando fizemos nosso PE, definimos dezesseis projetos para trabalhar. Para mim, os dois principais eram a formação e a capacitação das nossas lideranças para atingirmos as metas de crescimento ao longo dos próximos dez anos – afinal, acreditamos que as pessoas são a parte mais importante da empresa (gestão de pessoas) – e a construção da fábrica de resinas. Essa matéria-prima tem importância tecnológica grande na formulação das tintas, e seu custo impacta forte na composição do produto. Ao fabricarmos internamente, reduzimos esse custo e ainda ganhamos em performance, pois temos mais possibilidade de desenvolver novos produtos e flexibilidade de mudanças rápidas na operação e formulação, caso seja necessário.

A fábrica fora construída entre 2015 e 2016, com investimento de 17 milhões de reais na época. Portanto, quando o acidente aconteceu, ela estava rodando com capacidade total havia menos de um ano. Mesmo muito moderna, com o melhor sistema de prevenção de incêndio, não foi suficiente para evitar que perdêssemos toda nossa planta produtiva.

Além dos gigantescos prejuízos financeiros, a perda da produção própria de resina aumentaria em cerca de 28% nossos custos de formulação das tintas, e já tínhamos colocado em nossa precificação o custo menor, contando com nossa matéria-prima. Agora, teríamos que comprar de um fabricante terceiro, o que aumentaria nosso custo e derrubaria muito nossa margem. Isso poderia inviabilizar nossa política comercial, trazer prejuízos e fazer a Anjo Tintas perder muito *market share*.

Não havia tempo a perder. E, mesmo diante do caos, criei uma motivação interna para seguir em frente. Sabe aquele gás de ânimo e otimismo que tiramos de não sei onde, mas ele aparece? Foi assim que agi. Arregacei as mangas, acionei a equipe de gestão de risco, e, já na manhã seguinte ao incêndio, estávamos planejando como conseguir a resina sem aumentar muito os custos de produção. Nossa equipe de desenvolvimento e suprimentos pegou um avião e viajou pelo Brasil em busca de um fornecedor com custos viáveis e tecnologia que atendesse à nossa demanda técnica. Dez dias depois, conseguimos encontrar um fornecedor em São Paulo e propusemos um processo de terceirização: compraríamos a matéria-prima do fornecedor e usaríamos a estrutura dele para fabricar a resina, mas a fórmula era nossa. E pagaríamos pelo serviço prestado. Nosso químico ficou trabalhando lá por uma semana e depois acompanhou a operação por meses a distância, oferecendo suporte, até que tudo ficasse ajustado. Dessa maneira, mantivemos a mesma qualidade do nosso produto final, não aumentamos muito o custo do produto, conseguimos segurar nossa política de preços e ainda mantivemos margem de lucro segura.

Essa rapidez foi fundamental para continuarmos a produção. Mesmo com o incêndio, não faltaram produtos no mercado. Pelo contrário, no mês seguinte ao incêndio, batemos recorde de vendas e de produção. Foi um gás adicional na nossa equipe, que levantou muito o moral da tropa. Isso mostra a importância de ter um comitê de gestão de risco montado. Essa equipe mapeia todos os possíveis riscos do seu negócio e cria planos de ação para cada um deles, caso ocorram. Há decisões que não podem esperar para serem tomadas. A esteira está rodando, e não podemos pensar em descer. Se descermos todos ao mesmo tempo, a empresa para. Também tivemos clientes que aumentaram o tamanho dos pedidos para nos ajudar e fornecedores parceiros que nos deram mais prazo de pagamento. Com tudo isso, conseguimos viabilizar toda a estratégia definida e ainda tivemos crescimento em vendas e resultados naquele ano.

O incêndio testou nossa resiliência e nosso senso de urgência. É incrível como um time com propósito e força de vontade consegue se movimentar para superar os desafios. Sou, até hoje, extremamente grato à dedicação dos nossos profissionais, que fizeram todo o possível para manter a operação rodando sem prejudicar o mercado. Mais uma vez, pude comprovar como cuidar da gestão de pessoas é tão importante. Sempre que alguém me pergunta qual é o diferencial da nossa empresa no mercado, falo em alto e bom som que é nossa equipe. São nossos profissionais que fazem a diferença. Eles são especiais e, por isso, um dos pilares do nosso método de crescimento.

Foram anos bem difíceis, mas, sete anos depois que assumi a liderança, conseguimos crescer mais de 600% e transformamos a operação da empresa sem perder nossa essência, nossa cultura organizacional.

O esporte e as lições de vida

Tudo que passei até hoje me trouxe ensinamentos valiosos. Para conseguir superar tanto a troca de diretores quanto a recuperação de uma unidade de negócios que dava prejuízo e o incêndio, tive que reunir minha experiência de vida, tudo que aprendi desde 2004, quando entrei na Anjo, mais os quatro anos de faculdade de Administração e Marketing, além dos anos de MBA nos Estados Unidos. E ainda ter feeling de empresário. Com essa grande colcha de conhecimentos, formei minha base forte em gestão, que me traz segurança para ocupar a posição em que estou e fortalecer nosso método de crescimento.

Há outros ensinamentos, porém, que não há escola que possa agregar a nós. E, para mim, o esporte é uma grande escola. Ele sempre esteve presente na minha vida. Pequeno, eu já ia com meu pai vê-lo jogar futebol. Depois, comecei a treinar também e a disputar alguns campeonatos. Pratiquei diversas modalidades, como basquete, vôlei, *wakeboard*, *snowboard*, surfe, skate, tênis, motocross, ciclismo, natação, corrida de rua, entre outros. Lembro-me de uma época em que treinava futebol pelo time da escola às segundas, quartas e sextas-feiras. Às terças e quintas, jogava pelo projeto social Anjos do Futsal, e aos fins de semana disputávamos campeonatos. Eu adorava. Cheguei até a ser chamado para fazer um teste no CT do Flamengo, no Rio de Janeiro. Mas não fui. Sabia que era muito mais esforçado que talentoso. Tanto que, no mesmo ano, participei da peneira do Criciúma Esporte Clube e fui dispensado na segunda fase. Jogava para me divertir com meus amigos. Mas, aos 23 anos, larguei de vez o futebol após romper o ligamento do joelho direito duas vezes e do esquerdo uma vez. Hoje treino triatlo, porque é um esporte em que preciso estar 100% concentrado no que estou realizando e, também, porque gosto de desafiar meus limites a cada prova que disputo.

Mais que cuidar da saúde, enxergo o esporte como prática importante para qualquer empresário. Sabe aquele espírito de competição que adquirimos quando estamos em uma disputa? É o mesmo que o empreendedor precisa ter quando abre sua empresa ou está gerindo o próprio negócio. Ele se prepara para vencer, sempre!

Assim, acredito que, por meio do esporte, é possível adquirir habilidades importantes para a vida profissional. E sei muito bem do que estou falando. Consigo elencar uma série de benefícios que aprendi com o esporte ao longo dos anos e que você também pode aprender e utilizar no mundo dos negócios e na vida pessoal. Elencarei a seguir:

Em situações extremas, a pior decisão é não decidir.

@filipecolombo

RESILIÊNCIA

Além de ser uma característica muito importante na vida de todos, para mim essa é a principal característica de um empreendedor de sucesso. Resiliência é a capacidade que desenvolvemos para responder de maneira mais consistente aos desafios e às dificuldades que surgem no dia a dia. Falhamos, mas aprendemos com os erros e tentamos novamente. A resiliência ensina a reagir com flexibilidade para superar desafios e circunstâncias adversas. O esporte ensina muito isso, pois ganhamos e perdemos partidas o tempo todo e, se desanimarmos na primeira derrota, estaremos fadados ao fracasso. Lidar com o fracasso é extremamente importante para sua formação. Pessoas resilientes conseguem analisar os problemas com seriedade e encarar as mudanças como algo natural da vida. Você já viu que passei por muitas situações adversas. Imagine se desistisse de tudo quando a fábrica de resinas pegou fogo? Ou se me rendesse ao fracasso quando meus diretores pediram demissão? A resiliência me faz encarar os problemas de frente e tomar partido para resolvê-los. Empreender, assim como praticar esportes, nos ensina que não podemos ganhar todos os dias. Mas que é possível se reinventar, treinar, se aperfeiçoar e continuar.

TRABALHO EM EQUIPE

Quando jogamos em um time, aprendemos a administrar as vaidades e a entender que cada indivíduo precisa dar o melhor de si para que a equipe atinja seus objetivos. Se cada um fizer sua parte, a tarefa ficará mais leve e fácil. Essa é uma lição valiosíssima para vencer no esporte e na vida. E foi também minha inspiração quando estava estruturando a gestão de pessoas na Anjo. O esporte me ajudou a enxergar como ter pessoas comprometidas e unidas em um mesmo propósito era importante para meu desempenho. Ora, se isso acontecia enquanto eu competia, por que não funcionaria em uma empresa? Vejo minha equipe como um grande time. Unidos somos mais fortes e funcionamos melhor.

LIMITES

Quando você está praticando um esporte, sabe até onde pode ir. Esse é o seu limite. Ao reconhecê-lo, você admite que tem pontos fracos e foca as energias para aprimorar os pontos que requerem atenção. Seja treinando mais ou procurando ajuda profissional para fazê-lo evoluir e ir um pouco mais além. No mundo corporativo, isso também acontece, quando, por exemplo, temos que buscar no mercado um especialista para resolver uma situação na qual não temos domínio ou não temos capacidade técnica para solucionar. Assim como ocorre no esporte, não há problema nenhum em precisar de ajuda. O problema é fechar os olhos para os limites e fazer de conta que eles não existem.

LIDERANÇA

Em um esporte coletivo, ser líder é fundamental para levar a equipe ao sucesso. Mas liderar não tem a ver com mandar, dar ordens, se fazer respeitado; é mais que isso. Liderar no esporte é ser tático e saber transmitir a melhor maneira de agir aos demais jogadores, mesmo no meio do estresse de uma partida. Liderar é mostrar ânimo, fazer o time acreditar, envolver todos na jogada[67] e, quando surgir aquela tarefa chata – assumir o lugar do goleiro, por exemplo, em uma partida; ou, no mundo corporativo, ter que criar uma estratégia fantástica do

---

[67] SANTIAGO, R. Como o esporte pode te ajudar a ser um empreendedor? **Administradores.Com**, 8 out. 2014. Disponível em: https://administradores.com.br/artigos/como-o-esporte-pode-te-ajudar-a-ser-um-empreendedor. Acesso em: 13 jan. 2021.

dia para a noite para salvar uma venda – você a assume e consegue influenciar que um time todo faça o mesmo.

OUSADIA

No esporte, você precisa, algumas vezes, ousar para vencer o jogo. Seja apostar em uma jogada arriscada ou em uma manobra que treinou poucas vezes, mas que você sabe que seria a jogada de mestre para vencer a competição; no mundo dos negócios isso também tem que acontecer. Testar ideias ousadas – e ter coragem de aplicá-las – para surpreender o adversário é fundamental para vencer o jogo. Vender é uma atitude ousada. Saber o momento certo de abordar o cliente, sacar o melhor negócio para ele, apresentar formas de pagamento diferenciadas e outras vantagens que tragam o negócio para sua empresa exigem essa ousadia. Não desperdice essa habilidade!

FOCO

Horas e horas de treino, regras a serem seguidas e objetivos a serem alcançados. Esse é o dia a dia de um atleta, e essa constância nos faz ter foco. Assim também é no mundo corporativo. Reuniões seguidas, metas para serem cumpridas, indicadores para serem examinados, pessoas para serem geridas, decisões a serem tomadas o tempo todo. Eu mesmo já disse aqui nesta obra, lá no capítulo 7, que ter foco o conduz a grandes resultados. Toda essa disciplina e foco são fundamentais no mundo corporativo. Por mais capacitado que você e seu time sejam, muitas distrações aparecerão no meio do caminho e será preciso saber focar os objetivos e deixar essas distrações de lado.

HUMILDADE

Você vai falhar muitas vezes na vida profissional – e na vida pessoal também. Ninguém gosta disso, mas o esporte ensina a reconhecer o mérito do adversário. Além disso, a humildade nos permite identificar nossos erros, corrigi-los e seguir em frente. Na vida do empreendedor isso vale, principalmente, quando você precisa de ajuda. Tenho um Conselho Administrativo que me ajuda a tomar as principais decisões, pois admito que, mesmo com tantos anos de experiência, ainda tenho muito a aprender e reconheço a importância de ouvir gestores mais experientes que eu. Já relatei aqui situações em que precisei recorrer ao Conselho. Isso é normal. Como empreendedor, seja humilde, não aceite o rótulo de que você é o melhor. Sempre haverá algo a aprender, nem que seja na concorrência.

PROPÓSITO

Como time, temos que ter coesão e unidade para nos juntarmos em torno de uma causa, de um objetivo. Uma empresa com propósito se distingue dos concorrentes e não se torna apenas mais uma empresa em um segmento, porém uma marca admirada pelos clientes.[68] Isso não tem a ver com retorno financeiro, mas com sua maneira de colaborar para um mundo melhor. Na Anjo, isso se reflete quando apoiamos projetos como o Anjos do Futsal, Doações de Tinta, Bairro da Juventude, entre outras ações sociais. O esporte me ensinou que temos que ser responsáveis pelas mudanças, e é dessa maneira que trago isso para a Anjo.

---

[68] PROPÓSITO nos negócios: saiba como implementar valores na sua empresa. **Sebrae**, 14 set. 2020. Disponível em: https://www.sebrae.com.br/sites/PortalSebrae/ufs/pr/artigos/proposito-nos-negocios,139ee8d2bad84710VgnVCM1000004c00210aRCRD. Acesso em: 13 jan. 2021.

Como você pode ver, problemas acontecem o tempo todo na vida de um empresário. Desde aqueles pequenos, que conseguimos resolver rapidamente, até os grandes, como o incêndio. O importante é não desistir, e sim agregar experiências e estar pronto para resolvê-los. Não importa o problema, todos são possíveis de ser superados. Planeje-se, levante a cabeça, tenha atitude e siga em frente.

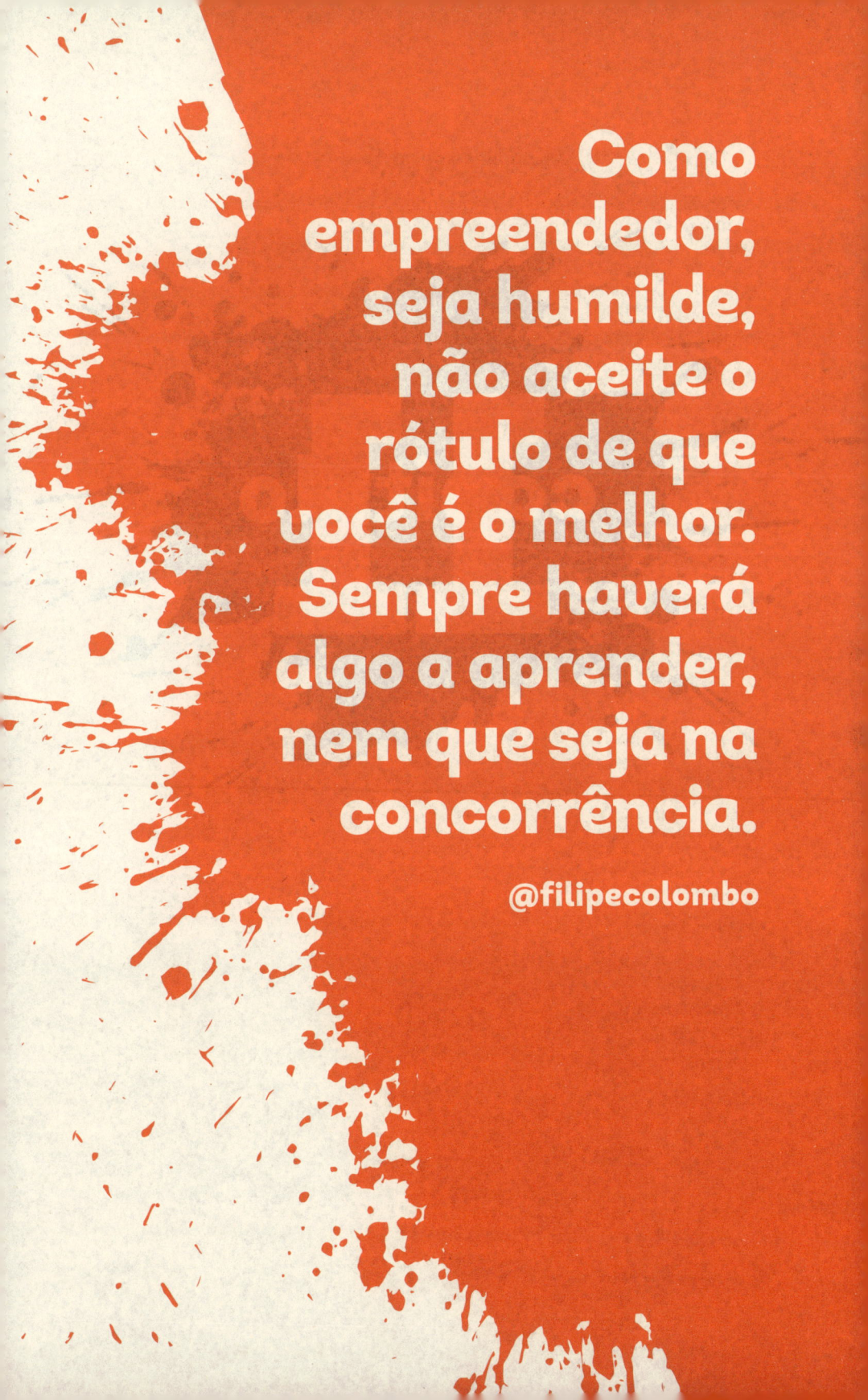

Como empreendedor, seja humilde, não aceite o rótulo de que você é o melhor. Sempre haverá algo a aprender, nem que seja na concorrência.

@filipecolombo

capítulo 11

DESAFIOS FUTUROS E O QUE DEVEMOS LEVAR CONOSCO

Enquanto você leu este livro, provavelmente muitas empresas foram abertas no Brasil. Para ter uma ideia, entre maio e agosto de 2020, o boletim Mapa de Empresas, do Ministério da Economia,[69] contou 1,1 milhão de novos negócios surgidos no país. Isso dá a média de 9,1 mil empresas abertas por dia. Por outro lado, ao mesmo tempo, 331,5 mil empresas encerraram as atividades. Olhando esses dois números, é possível ver que sobra um saldo positivo de 782,6 mil negócios que permaneceram abertos, em um total de dezenove milhões de empresas ativas no país. Agora, me diga: em qual desses lados você quer ficar? Do lado daquele que sonhou e seguiu em frente para dar vida ao sonho ou daquele que, diante de tantos desafios e perrengues, teve de fechar as portas e deixar o sonho para trás?

Sempre preferi encarar as dificuldades de frente e colocar toda minha força, resiliência e conhecimento para fazer o negócio andar de novo. E mostrei que, algumas vezes, já precisei deixar a cadeira de CEO, descer para a operação e colocar a empresa para andar. Assim é a vida de um empresário.

---

[69] MAPA de empresas, boletim do 2º quadrimestre/2020. **Ministério da Economia**, 17 set. 2020. Disponível em: https://www.gov.br/economia/pt-br/centrais-de-conteudo/publicacoes/boletins/boletim-do-mapa-de-empresas/boletim-do-2o-quadrimestre-de-2020.pdf. Acesso em: 13 jan. 2021.

Lembra-se da esteira sobre a qual comentei no capítulo anterior? Olhe ela aqui de novo! E ela continua a rodar.

Desde que decidi ser empresário, aos 14 anos, sempre soube o tamanho do desafio que teria pela frente, mas nunca desisti. E olha que o Beto, meu pai, até tentou me convencer a seguir outra carreira. Lembro-me bem da conversa que tivemos, naquele verão de 2007, quando ele pensava em vender a empresa. Ele falava da vida desafiadora que eu teria caso insistisse na ideia de empreender, fosse por conta própria, abrindo uma nova empresa, fosse na Anjo: "Filho, esquece essa história de ser empresário. Ter uma empresa no Brasil é muito difícil. É um fardo muito pesado de carregar".

Respondi: "É pesado para você, pai. Para mim, não".

Aquela resposta o marcou, e, a partir dali, ele sabia que, acontecesse o que acontecesse, eu não mudaria de opinião. Mas, com minha vontade de ser empresário, veio também todo um planejamento para ser cada dia melhor naquilo que estava disposto a fazer. Os tempos mudaram, os pensamentos das pessoas são outros, e meu modelo de gestão precisava acompanhar as mudanças do mundo. Tínhamos que profissionalizar ainda mais a gestão. Lá nos anos 1980, empresário era aquela pessoa que batia no peito e saía atropelando tudo para fazer acontecer. Esse jeitão meio "vamos fazendo e depois olhamos os resultados" foi sucesso durante muito tempo. Empresários cresceram agindo dessa maneira, mas isso só acontecia por um motivo: quase todos os outros gestores também agiam dessa forma.

Hoje a história é diferente. Não há espaço para aventuras. O empreendedor continua a assumir riscos, mas precisa e sabe calculá-los antes de entrar de cabeça neles. Se o negócio é muito arriscado, ele recua e espera a hora certa de atacar novamente. Suas decisões são baseadas em dados e informações importantes para o sucesso da empresa. Desde aquele pequeno, que vende seus produtos on-line, usando as redes sociais (olha só o tanto de informações que ele consegue ao abrir uma conta comercial no Instagram – isso não pode ser desperdiçado!), até aquele que tem uma indústria grande e com muitos colaboradores. Os empreendedores que não se preparam para esse novo cenário e deixam de lado todas as informações disponíveis para gerir o negócio ficam para trás na esteira do mundo corporativo.

Quando resolvi escrever este livro, não tinha a intenção só de mostrar que assumi a presidência da Anjo Tintas aos 27 anos. O que queria mesmo era mostrar como isso foi possível; também queria dividir o que aprendi e ainda ensinar o método que fez a Anjo crescer 685% de 2015 a 2020, mesmo em um momento de economia instável. Não tenho dúvidas de que a base da nossa gestão é o tripé de crescimento que mostrei aqui. Veja bem, sem vendas, uma empresa quebra. Sem planejamento e gestão de indicadores, é como sair por aí dirigindo um carro apenas olhando no retrovisor. Já as pessoas são o nosso maior diferencial. Tudo em uma empresa pode ser copiado, menos sua equipe. Ter um corpo de colaboradores comprometido é fundamental para alcançar bons resultados. O gestor precisa dar o devido valor à equipe, e o colaborador enxergar a empresa como a segunda casa. Dessa forma, eles vestem a camisa, literalmente, da corporação e se empenham mais, se dedicam mais e produzem mais. Quando isso acontece, a ligação com a empresa fica mais profunda, e eles têm orgulho de fazer parte da organização.

É com esse olhar que dirigimos a empresa e que você também pode olhar para a sua. Estimule as vendas, analise os indicadores e valorize seus colaboradores. Mesmo que você tenha uma pequena empresa e queira se manter assim nos próximos anos — OK, não há problema nenhum nessa opção —, as ferramentas que apresentei darão mais clareza e segurança na gestão do negócio.

Levamos anos para aprimorar nosso sistema de gestão. Erramos e acertamos ao longo desse tempo. Seria ótimo — e muito mais barato — crescer apenas se baseando nos erros e acertos dos outros. Mas isso não é real. E mais: foi errando que conseguimos inovar e crescer. Essa resiliência tem que fazer parte do DNA do empreendedor. Quando erramos na Anjo, temos a certeza de que vamos aprender. É assim que criamos processos ou adaptamos os que já existem, para evitar que as falhas voltem a acontecer. Essa atitude tem duplo benefício: a empresa cresce como organização e os colaboradores amadurecem como profissionais.

Sei que se você está lendo este livro — e chegou até aqui — está a fim de aprender. Então, estude, coloque a teoria em prática, aplique o que aprendeu neste livro, adapte nosso método de modo relevante ao seu negócio, faça testes até achar seu caminho e não desista. Se meu pai não tivesse essa força, se não tivesse testado a fórmula da massa plástica muitas vezes até achar a ideal para a Anjo, nossa história seria diferente. Empresários aprendem, desaprendem e reaprendem todos os dias, pois o mundo continua em transformação. E cada vez mais rápido. É preciso estar atento a essas mudanças e pensar que a qualquer momento pode surgir outro modelo de negócio ou outro produto melhor que o seu que pode substituí-lo, e você não pode ser pego desprevenido. Quando você tem uma empresa, o futuro começa hoje. Não dá para esperar o próximo ano para colocar a ideia atual em prática. Não dá para esperar a concorrência se mexer para começar a se mexer. Se você está esperando que sua empresa ande redondinha, sem

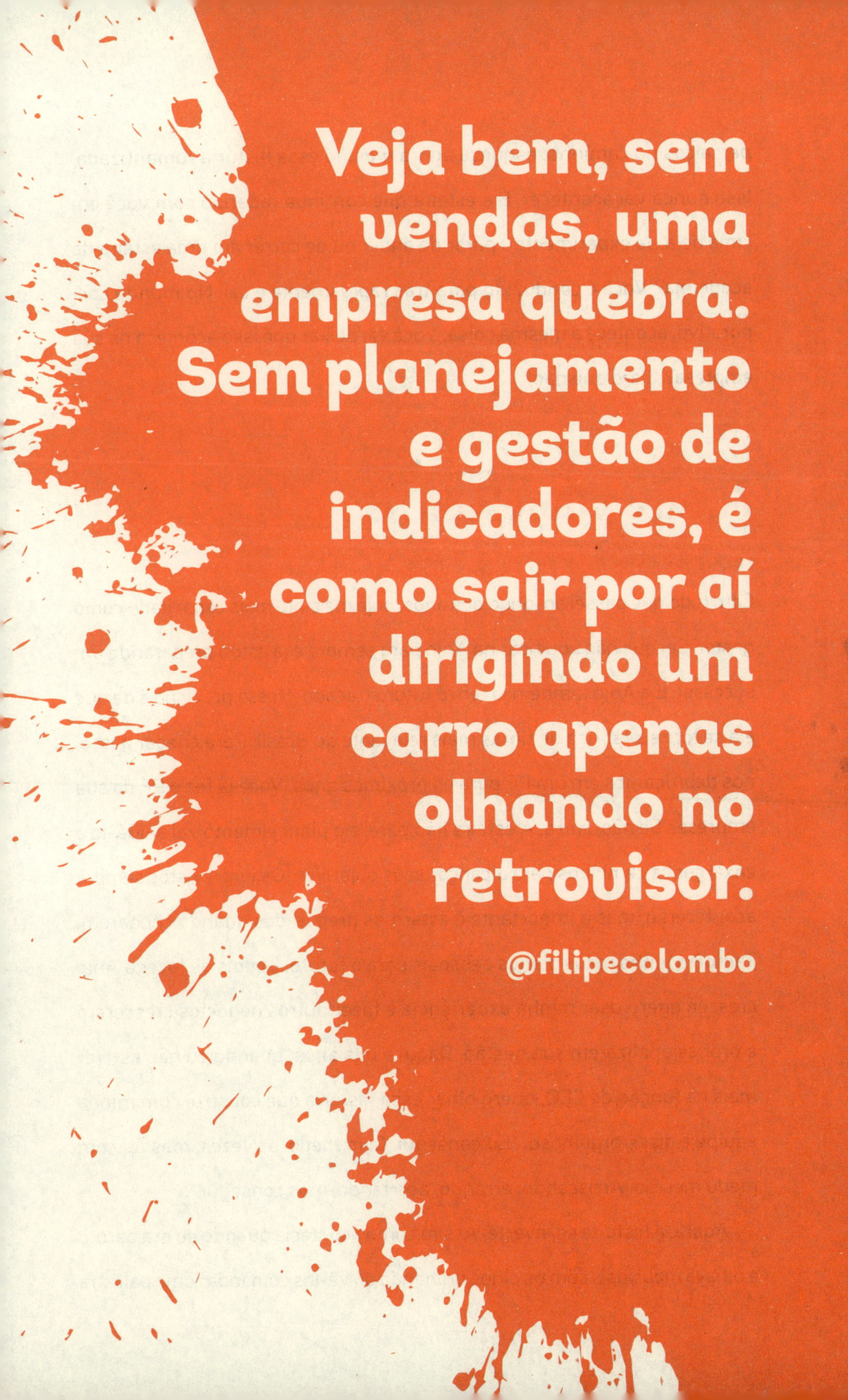

Veja bem, sem vendas, uma empresa quebra. Sem planejamento e gestão de indicadores, é como sair por aí dirigindo um carro apenas olhando no retrovisor.

@filipecolombo

percalços no caminho, esqueça agora mesmo essa história romantizada. Isso nunca vai acontecer. É a esteira que continua rodando com você em cima dela. Já experimentou parar de andar ou de correr em uma esteira de academia? Você é conduzido para trás rapidamente e cai. No mundo corporativo, acontece a mesma coisa. Você vai deixar que isso aconteça na sua empresa? Claro que não!

Futuro planejado

Com tudo que passei ao longo dos anos, hoje me sinto mais capacitado como gestor. Sei que não vou ficar na Anjo para sempre e já estou preparando um sucessor. E a Anjo também já tem o futuro traçado. Nossa previsão é de que ela se torne a fábrica de tintas mais relevante do Brasil. Para chegar a isso, nos debruçamos em um PE para os próximos anos. Você já fez o PE da sua empresa? Se não, corra. A esteira não para, e o planejamento vai ajudá-lo a enxergar os caminhos para alcançar seus objetivos. Os imprevistos sempre acontecerão, mas o importante é estarmos preparados quando chegarem. Também tenho meus planos pessoais para o futuro. Depois de fazer a Anjo crescer, quero usar minha experiência e fazer outros negócios crescerem e profissionalizarem sua gestão. Daqui a uns anos, quando eu não estiver mais na função de CEO, quero olhar essa história que construi com minha equipe e dizer, orgulhoso: "Eu consegui. Com medo, às vezes, mas fui com medo mesmo. Arriscando, errando, acertando, mas consegui!".

Agora, a história se inverte. Assim como acontecia quando eu era garoto e olhava meus pais com os olhos brilhando ao vê-los comandar uma palestra e contar nossa história; ou já adulto, trabalhando ao lado deles, quando eu os olhava, admirado, tomarem decisões tão inteligentes na gestão, quero que os olhares de admiração se invertam e venham em minha direção. Quero ver os olhos do meu pai brilhando, quero ver os olhos da minha mãe brilhando, quero ver os olhos da minha esposa e dos meus filhos brilhando a todo momento. Do mesmo modo como sempre admirei o trabalho dos meus pais. Quero que eles se orgulhem do que a Anjo se tornou. Somos uma empresa que está funcionando muito bem. Com processos seguros e maduros, inclusive com ISO 9001, que garante a qualidade e a padronização dos nossos processos; contabilidade auditada por uma das Big Four;[70] com melhor governança corporativa, mais segura, mais sustentável, com cultura forte e preparada para o crescimento dos próximos anos.

E o seu futuro? Já sabe o que esperar dele? Lembre-se de que nada acontece sozinho. **O sucesso é resultado de muitas ações realizadas com o mesmo objetivo final.** Seja fazer a empresa crescer, seja mudar para outro ponto físico, seja expandir o portfólio. Se você não se concentrar nesse objetivo e traçar as metas para que aconteçam, provavelmente vão continuar no papel ou, pior ainda, apenas na sua cabeça.

Lembre-se de que você está mais bem preparado para comandar uma empresa que quando começou a ler este livro e agora já sabe como aplicar o tripé de crescimento em seu negócio. Já sabe também que sentir medo é normal e que vai errar. Mas, principalmente, sabe que vai acertar. E que, a cada acerto, a sensação de satisfação vai tomar seu coração. Sim, porque administrar é algo racional. Mas manter uma empresa em pé é algo que vem

---

[70] Nomenclatura utilizada para se referir às quatro maiores empresas contábeis especializadas em auditoria externa e consultoria de empresas do mundo. São elas: PwC, Deloitte, KPMG e Ernst&Young. (N.E.)

do coração. Acredite no seu potencial, no seu feeling, e vá em frente. É a hora de também trilhar esse caminho de sucesso! Acredite, você consegue. E conte comigo, SEMPRE!

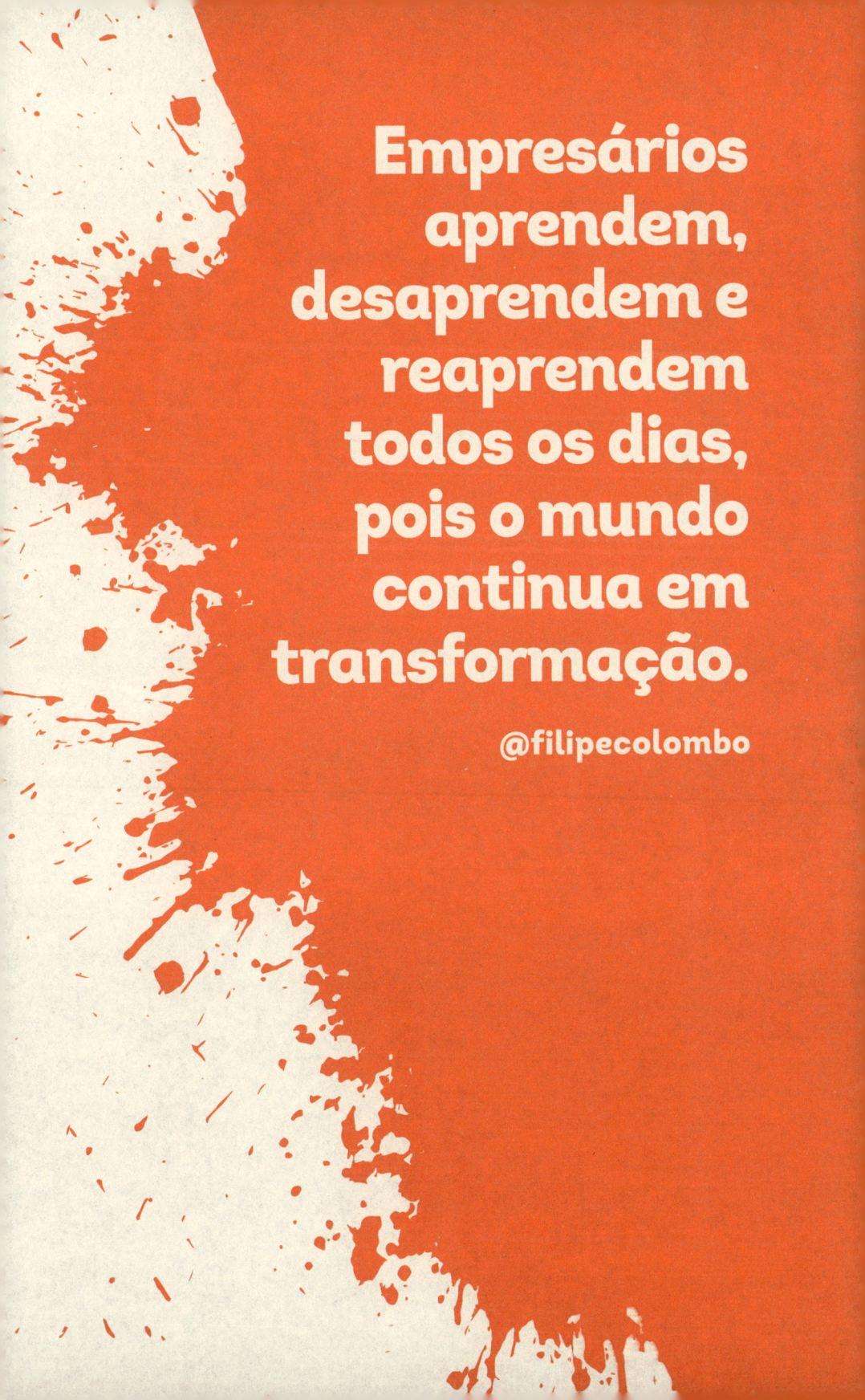

Empresários aprendem, desaprendem e reaprendem todos os dias, pois o mundo continua em transformação.

@filipecolombo

Quando você tem uma empresa, o futuro começa hoje.

@filipecolombo

Referências bibliográficas

CAPOTE, G. **Guia para formação de analistas de processos:** gestão por processos de forma simples. 2. ed. Carolina do Sul (EUA): Createspace Independent Publishing Platform, 2016.

COLOMBO, B. **PPR na prática**: a arte de distribuir para crescer. Florianópolis: Dois por Quatro Editora, 2018.

_____; SEFSTROM, R. **A alma da empresa**: Filosofia Clínica nas organizações. Florianópolis: Dois por Quatro Editora, 2016.

COVEY, S. **O 8º hábito**: da eficácia à grandeza. Rio de Janeiro: Best Seller, 2009.

JOTA, J. **O sucesso é treinável**: como a disciplina e a alta performance podem revolucionar todas as áreas de sua vida: carreira, saúde, finanças, relacionamentos e desenvolvimento pessoal. São Paulo: Gente, 2020.

MACKEY, J.; SISODA, R. **Capitalismo consciente**. São Paulo: HSM, 2014.

MUSASHI, M. **O livro dos cinco anéis**. São Paulo: Novo Século, 2017.

RACKHAM, N. **Alcançando excelência em vendas**: SPIN Selling. São Paulo: M. Books, 2008.

SOARES, A. **Bora vender**: a melhor estratégia é a atitude. São Paulo: Gente, 2019.

Este livro foi impresso
pela Gráfica Rettec
em papel pólen bold 70g
em maio de 2021.